Estados Unidos

ALCOHÓLICOS ANÓNIMOS
Grupo Unidos Venceremos
37 S. Jackson Ave.
San Jose, CA 95116
Tel.: (408) 551-8496

ABRIL 3 2023

FELICES, ALEGRES Y LIBRES

Unidos Benseremos

En AA volvemos a sonreír

Istorias de Compañeros
Tradisiones
12 Conseptos

LIBROS PUBLICADOS POR AA GRAPEVINE, INC.

FELICES, ALEGRES Y LIBRES

En AA volvemos a sonreír

AAGRAPEVINE,Inc.

Nueva York, Nueva York

WWW.AAGRAPEVINE.ORG

PREÁMBULO DE AA

Alcohólicos Anónimos es una comunidad de hombres
y mujeres que comparten su mutua experiencia,
fortaleza y esperanza para resolver su problema común
y ayudar a otros a recuperarse del alcoholismo.

El único requisito para ser miembro de AA es el deseo de
dejar la bebida. Para ser miembro de AA no se
pagan honorarios ni cuotas; nos mantenemos con nuestras
propias contribuciones. AA no está afiliada a ninguna
secta, religión, partido político, organización o institución
alguna, no desea intervenir en controversias, no
respalda ni se opone a ninguna causa.

Nuestro objetivo primordial es mantenernos sobrios y ayudar
a otros alcohólicos a alcanzar el estado de sobriedad.

ÍNDICE

CAPÍTULO UNO

REÍRNOS DE NOSOTROS MISMOS

El poder del humor en la recuperación

CAPÍTULO DOS

MOMENTOS EGOCÉNTRICOS

Los miembros de AA hablan de su tema favorito: ellos mismos

CAPÍTULO TRES

CONFUSIONES

La vida es más fácil al llegar a AA

CAPÍTULO SIETE

NOCHES NO TAN SILENCIOSAS

Desastres y aventuras en días festivos, antes y después de estar sobrio

CAPÍTULO OCHO

SÓLO EN AA

Personajes de AA, historias de AA

BIENVENIDOS

En el Libro Grande, justo después de relatar la historia del "infeliz" que se suicidó en su casa, Bill W. habla sobre todas las experiencias divertidas vividas en el grupo de AA. "Me imagino que algunos pueden escandalizarse ante esta mundanalidad y ligereza", escribe en "La historia de Bill".

Los miembros de AA sí que se ríen: de ellos mismos, de sus historias de borracheras y de sus primeros tropiezos cuando damos los Pasos. Quizá no teníamos muchas ganas de reírnos al comienzo, quizá estábamos deprimidos o físicamente enfermos. Quizá habíamos causado mucho daño que sabíamos llevaría tiempo reparar, y quizá nos sentíamos desesperadamente solos.

Pero la primera vez que oímos a alguien ponerse de pie frente a una reunión y compartir una anécdota vergonzosa sobre alguna borrachera —o alguna anécdota vergonzosa mientras estaba sobrio— no pudimos evitar reírnos todos juntos. Si alguien más hizo lo que yo hice y ahora está bromeando sobre eso, pensamos, tal vez yo no sea tan malo.

Los alcohólicos "tienen sentido del humor. Incluso cuando están pasados de copas, dicen cosas terriblemente divertidas", escribe Fulton Oursler, un amigo de AA, en la historia del Capítulo uno, "Los alcohólicos son encantadores". "A menudo, era el hecho de estar obligados a tomar con seriedad las pequeñas cosas miserables de la vida lo que hacía que buscaran refugio en una botella. Pero al encontrar el camino de regreso, su sentido del humor descubre una libertad bendita y pueden alcanzar un estado de gracia que les permite reírse de sí mismos: la cumbre del conocimiento de sí mismos. Vaya a las reuniones y escuche las risas. ¿De qué se ríen? De recuerdos macabros que harían que otras almas más débiles se estremecieran con un remordimiento inútil. Y eso los convierte en personas maravillosas con quienes compartir un momento a la luz de una vela.".

"... dentro de todo esto queda un amplio margen para divertirse", escribió Bill W. "Pero detrás de esto hay una gran seriedad".

Esta recopilación de historias de la revista Grapevine de AA muestra de qué manera, durante la recuperación, los miembros de AA aprendieron a reírse.

CAPÍTULO UNO

OCTUBRE DE 1978

"Mi padrino me dijo que aprendiera a reírme de mí mismo, pero no veo nada gracioso".

REÍRNOS DE NOSOTROS MISMOS
El poder del humor en la recuperación

En ocasiones no hay nada que hacer, excepto reírse. Nos reímos de lo que hacíamos cuando tomábamos, nos reímos de nuestros primeros errores y del dolor que experimentamos para alcanzar la sobriedad, y nos reímos de nosotros mismos, incluso ahora. Cuando uno de los integrantes de AA trae accidentalmente un pastel con ron para su reunión de aniversario ("Pastel con ponche") y otro miembro de AA casi incendia su auto mientras analizaba los Pasos con su padrino ("¡Se queman los Pasos!"), ¿qué otra cosa podían hacer sino botar el pastel, apagar el incendio, reírse y seguir adelante?

"En AA aprendí a reírme otra vez y, cuando me río, parece que todo el mundo me sonríe", escribe el autor de "Si te sientes bien, no eres normal". "La risa es lo que me atrajo de AA desde el comienzo".

Es posible que la risa no sea la clave principal para alcanzar la sobriedad, pero reírnos de nuestros errores es, sencillamente, otra forma de comenzar a aceptarnos como humanos.

LOS ALCOHÓLICOS SON ENCANTADORES
Julio de 1944

En el mismísimo pie de la escala social de la sociedad de AA están los parias, los intocables y los marginados, todos con escasos privilegios y reconocidos por un epíteto denigrante: parientes.

Yo soy un pariente, y sé perfectamente cuál es mi lugar. Y esto no es una queja, pero espero que a nadie le moleste si aventuro la triste confesión de que hay veces, ¡ay! muchas veces, en las que deseo haber sido un alcohólico. Con eso quiero decir que ojalá fuera un miembro de AA, y la razón es que considero que los miembros de AA son las personas más encantadoras del mundo.

Esa es mi opinión. Como periodista, he tenido la suerte de conocer a muchas personas consideradas encantadoras. Cuento entre mis amigos a estrellas (y también a actores no tan destacados) del teatro y el cine; los escritores son mi compañía diaria; conozco a damas y caballeros de ambos partidos políticos; he sido invitado a la Casa Blanca; me he codeado con reyes, ministros y embajadores, y afirmo (después de semejante catálogo, que podría extenderse), que preferiría una noche con mis amigos del grupo de AA a cualquier persona o grupo de personas de los recién mencionados.

Me he preguntado por qué me parecen tan encantadoras estas orugas alcohólicas que han encontrado sus alas de mariposa en Alcohólicos Anónimos. Hay más de una razón, pero puedo mencionar algunas.

Los miembros de AA son lo que son, y fueron lo que fueron, porque son gente sensible, imaginativa, con sentido del humor y conciencia de la verdad universal.

Son sensibles, lo que significa que es fácil herirlos. Eso ayudó a que se convirtieran en alcohólicos. Pero cuando alcanzan su recuperación, siguen siendo igual de sensibles, abiertos a la belleza y a la verdad, y plenos de aprecio por las glorias intangibles de esta vida. Eso los convierte en compañeros encantadores.

Son imaginativos. Y eso ayudó a que se convirtieran en alcohólicos. Unos bebían para que su imaginación echara a volar más alto todavía. Otros, desesperados, bebían para eliminar las insoportables visiones que creaba su imaginación. Pero al encontrar el camino de regreso, su imaginación responde a nuevos hechizos y su conversación abunda en colores y luz. Y eso también los convierte en compañeros encantadores.

Los alcohólicos tienen sentido del humor. Incluso cuando están pasados de copas, dicen cosas terriblemente divertidas. A menudo, era el hecho de estar obligados a tomar con seriedad las pequeñas cosas miserables de la vida lo que hacía que buscaran refugio en una botella. Pero al encontrar el camino de regreso, su sentido del humor descubre una libertad bendita y pueden alcanzar un estado de gracia que les permite reírse de sí mismos: la cumbre del conocimiento de sí mismos. Vaya a las reuniones y escuche las risas. ¿De qué se ríen? De recuerdos macabros que harían que otras almas más débiles se estremecieran con un remordimiento inútil. Y eso los convierte en personas maravillosas con quienes compartir un momento a la luz de una vela.

Los miembros de AA saben que existe una verdad universal. Con frecuencia, esa sensación es algo nuevo en sus corazones. El hecho de que nunca antes habían sentido esta unión con el universo de Dios es, en ocasiones, la razón por la que bebían. Casi siempre, el motivo por el que volvieron a tomar los caminos correctos y sencillos de la vida es el haber encontrado a Dios. ¡Ponte de pie con ellos cuando termina la reunión y escúchalos orar el "Padre nuestro"!

Han encontrado un Poder más grande que ellos al que sirven con diligencia. Y eso les confiere un encanto jamás visto en mar y tierra, que hace que uno sepa que el mismo Dios es realmente encantador, porque las personas de AA reflejan Su misericordia y Su perdón.

FULTON OURSLER

EL LEGADO DE MI PADRE

Marzo de 1964

Tuve un padre maravilloso, y yo era su único hijo. En 1907 mi padre me mandó a llamar y me dijo: "Voy a morir y no tengo nada que dejarte. Tendrás que salir al mundo y ganarte la vida. ¿Cómo lo harás? No eres bien parecido para que te miren, nunca lo serás. No tienes un apellido importante. No tienes dinero. Pero hay un legado que puedo dejarte, y son tres reglas sencillas. Si las sigues, tendrás el mundo en tus manos.

Primera regla: nunca tengas miedo de "ellos". Las personas les temen a "ellos" más que a nada en el mundo. Los generales más fuertes con los ejércitos más grandes enfrentan con coraje a los enemigos más violentos y, sin embargo, les aterroriza pensar qué es lo que "ellos" podrían decir, lo que "ellos" podrían hacer, lo que a "ellos" podría no gustarles".

"La segunda regla", dijo, "es aún más importante. Nunca colecciones objetos inanimados. No debes hacerlo, porque son ellos quienes te coleccionan a ti". Entonces, pensé, cuanto más posees más eres poseído. Por lo tanto, no poseo nada, excepto aquello que es esencial. He sido libre como el aire, y eso es fantástico.

Y la tercera regla, que me resultó bastante adecuada, fue: "Siempre sé el primero en reírte de ti mismo. Cada uno tiene un costado ridículo y a todo el mundo le agrada reírse de alguien más. Si eres el primero en reírte de ti mismo, entonces la risa de los otros llega sin hacerte daño, como si tuvieras puesta una armadura dorada".

ANÓNIMO

¡SE QUEMAN LOS PASOS!

Agosto de 2007

El pasado mes de marzo iba conduciendo mientras fumaba un cigarrillo y hablaba con mi padrino por el altavoz. Me gusta hacer varias cosas al mismo tiempo.

Estábamos hablando de que yo no había comenzado todavía a trabajar sobre los Pasos. Tiré el cigarrillo por la ventana, la cerré y continué con la conversación. Treinta segundos después, comencé a percibir un olor fuerte, como si se hubiera incendiado una casa.

Todavía no había caído en cuenta de que el incendio no era afuera, sino debajo de mi asiento. Pronto vi una lenta columna de humo que se elevaba entre los dos asientos delanteros. Mi padrino seguía dándole vueltas al tema de los Pasos. Lo interrumpí y dije: "¡Creo que estoy ardiendo!"

"¡Fantástico!", dijo. "Ya era hora de que movieras el trasero".

"No, realmente estoy ardiendo... ¡mi auto se incendia!", le dije.

"Apártate del camino y apágalo", me ordenó.

"¿Con qué?" Mi mirada se detuvo en la taza de café que había quedado de mi reunión de AA la noche anterior. La tomé, tiré su contenido en el lugar en el que supuse estaba el fuego y largué la carcajada. Fuego extinguido, pensé. Comencé a creer que esta era alguna especie de señal. Mi padrino me gritaba que fuera al asiento de atrás y me asegurara de que el fuego estaba extinto.

> OÍDO EN REUNIONES:
>
> "HAY TAN SOLO DOS COSAS QUE LE DESAGRADAN A UN ALCOHÓLICO: CÓMO SON LAS COSAS Y LOS CAMBIOS".
>
> ANÓNIMO, MARZO DE 2008

Cuando lo hice, lo que encontré fue escalofriante. Todavía había papeles ardiendo debajo de mi asiento. Entre ellos estaba el panfleto sobre los Doce Pasos que mi padrino me había dado un par de semanas antes. "¡Se queman los Pasos!", grité. Mientras sofocaba el resto del fuego, rescaté el panfleto. Estaba un poco quemado, pero había sobrevivido.

"No te quepa duda de que están ardiendo", dijo. Y agregó que yo había recibido la visita intempestiva de un Poder Superior.

"¿Te parece?" pregunté. Me llevó un nanosegundo comprender que era una clara señal que me llegaba desde arriba. Luego conduje a casa, todavía temblando por la experiencia vivida.

Mi Poder Superior había tomado la forma de una taza de café del grupo de A.A. Si lo mantenía cerca, estaría allí para apagar el fuego. En mi opinión, las coincidencias no existen: hay una razón para todo. Ya que AA es mi Poder Superior, Dios, tal como yo lo entiendo, siempre está conmigo en el automóvil. Miro esa taza de café y sonrío.

Pero, hasta hoy, si bien casi siempre llevo una taza de café conmigo en el automóvil, también llevo un extinguidor de fuego en el maletero.

CHRIS M.

PASTEL CON PONCHE *(de Dear Grapevine)*
Abril de 2009

En mayo me mudé al sur de Filadelfia. El 22 de agosto planeaba celebrar mis 28 años de sobriedad contando mi historia en la reunión. Me pareció una oportunidad para conocer mejor al resto de la gente. Deseaba causar una buena impresión, de modo que pedí un pastel grande y hermoso. Imaginen mi sorpresa cuando, al cortar el pastel, alguien exclamó: "¡Huelo ron!" No había dudas, la capa inferior estaba empapada en ron. ¡El pastelero no me había avisado! Por supuesto, todos nos quedamos pasmados. Yo, más que nadie. Y luego nos echamos a reír. Reconocí en esto el humor de mi

Poder Superior que, una vez más, puso a mi ego en su lugar, como únicamente él sabe hacerlo.

ANNE C.
Filadelfia, Pensilvania

SI TE SIENTES (BIEN, NO ERES NORMAL
Abril de 1976

Para mi sorpresa, he descubierto que escribir sobre la depresión puede ser muy deprimente. Pero, ¿debe ser así? Si lo tomo con optimismo y me enfoco en la autoayuda en vez de hacerlo en experiencias personales sombrías, puede no ser tan deprimente.

En primer lugar, quiero aclarar que no soy una autoridad en la materia. Después de investigar un poco más, no me sorprende averiguar que algunas depresiones son casi exclusivamente físicas, mientras que muchas están causadas por una combinación de factores. Tal vez, igual que ocurre con el alcoholismo, sean mentales, físicas y espirituales. Para las personas que sufren algún tipo de depresión, la ayuda profesional es indispensable. Para otros, me gustaría compartir algunos de los antidepresivos que funcionaron para mí.

Ahora me doy cuenta de que mi caída desde la alta nube rosada en la que estaba, después de unos meses en AA, fue absolutamente natural. La realidad no está allá arriba, en algún lugar del aire. Pero luego me resultó difícil entender por qué el programa de AA, que me había rescatado de la espantosa e incurable enfermedad que es el alcoholismo, no aliviaba mis depresiones, mis penas ni mis quejas. Traté de hacer un mayor análisis de inventario, intenté con más meditación, repasé el Paso Tres. Todo en vano. Asistí a más reuniones y descubrí que ayudaban si eran divertidas y llenas de risas. Las visitas de Paso Doce me ayudaron a salir de mi encierro temporalmente; a veces parecía que no podía llegar a las personas.

Los sentimientos negativos seguían siendo agitados, en especial por la noche. No podía encontrar el motivo, excepto, quizás, que mis antiguas y pesimistas formas de pensar habían venido a casa para pernoctar. ¿O era que tenía demasiadas expectativas, o la sensación de que el tiempo se había agotado y no había alcanzado el éxito? ¿O era enojo, que se volvía contra mí, y también culpa por todas estas razones? Pedí ayuda a mi Poder Superior, pero las líneas parecían bloqueadas.

Un día recogí el periódico y vi un artículo titulado: "Si te sientes bien hoy, no eres una persona normal". El artículo decía: "¿Te sientes muy bien hoy? Si es así, la Oficina de Economía de la Salud desea que sepas que tu situación es notablemente anormal". Decía que disfrutar de "un completo bienestar físico, mental y social" era, sin ninguna duda, anormal.

En mis propias palabras: Si crees que estás cien porciento bien, amigo, ¡estás enfermo! De pronto, noté que, sin proponérmelo, estaba riéndome. Pensar que todo el tiempo que me sentí triste y deprimido ¡sólo había estado siendo normal! Comencé a preguntarme si proceder al Paso Dos no habría sido un error. Podría haber recuperado la cordura y volverme *normal...* y desdichado.

Otro título me llamó la atención: "Bruxismo". Significa apretar los dientes mientras se duerme y, como resultado, hay dolor en la boca y se hinchan los ojos. (Si uno está casado, supongo que rechinar los dientes es muy molesto para la pareja). Las causas son depresión, esfuerzo e ira reprimida y controlada. Superar estas sensaciones trae alivio. Sufrí todas ellas, pero lo llamé alcoholismo, no bruxismo. Sin embargo, sí hice ruido con mis dientes (figurativamente hablando) frente al mundo en general y a algunas personas en particular.

Hasta entonces, no me había dado cuenta de que mi sentido del humor estaba en decadencia. Estaba tomándome demasiado en serio. También había dejado un montón de brechas en mi inventario. Mis defectos y virtudes se habían mezclado. Ahora veo que quizás nunca sepa cuáles fueron todas las razones para mis depresiones. Pero puedo revertirlas, sean las que fueren. Antes de irme a dormir, le pido a mi Poder Superior que me ayude a despertarme sin ellas. Al principio parecía un poco extraño no sentirme depresivo o no ser pesimista. Eso me deprimió durante un tiempo.

La melancolía, la depresión y el negativismo son terriblemente contagiosos. Bajo sus efectos, lastimé a otros y también me lastimé a mí mismo. Tomé decisiones estúpidas y me negué a actuar cuando debía hacerlo. Igual que lo hacía cuando bebía. Pero la risa y el buen humor también son contagiosos. Son parte del regreso a la cordura. Puedo verme tal como soy en realidad y sentirme dispuesto a ayudarme y a aceptar ayuda de otras personas. La capacidad de reírme de mí mismo me devuelve la capacidad de ser honesto.

Hasta Thomas Edison tuvo sus malos momentos. Dicen por ahí que tenía sobre su escritorio una tarjeta en la que decía: "Cuando estés de capa caída, recuerda a Jonás. Él salió airoso".

Una vez más me convencí de que el programa de AA, y en especial los Doce Pasos, funcionan tanto para mi depresión como para mi alcoholismo. Me maravilla ver que, en mi caso, el alcoholismo y la depresión tienen casi los mismos síntomas.

No es sorprendente que la risa fuera lo que me atrajo de AA desde el comienzo. Nunca debe subestimarse el poder de sanación de la risa. En AA aprendí a reírme otra vez y, cuando me río, parece que todo el mundo me sonríe. Me he convencido de que estoy recuperando la cordura cuando recupero mi sentido del humor y dejo de tomarme demasiado en serio. Debo volcar mi vida y mi voluntad a Dios... y también mi depresión. AA es el antidepresivo más eficaz que encontré.

Por supuesto, si ese artículo que cité es correcto, no soy normal, porque soy muy feliz en AA. La mayoría de mis amigos de AA no verían la diferencia. Como sea, me han advertido que si alguna vez me pongo bien, es probable que pierda a todos mis amigos.

M. U.
Brighton, Colorado

PERO, ¿ES GRACIOSO?

Noviembre de 1953

Si algo realmente distingue a los alcohólicos, eso es el sentido del humor. Es un sentido del humor particular, un sentido del humor agradable en el que el mismo alcohólico es la fuente, el hazmerreír y el tema principal de la gracia. Se sostiene (y a los demás alcohólicos) con las anécdotas de su locura alcohólica. No siente vergüenza cuando cuenta sobre la botella escondida y sobre cómo se le agotaron los escondites. Sí, es verdad. Todos recordamos la búsqueda desesperada de un nuevo escondite, cómo exploramos y agotamos el leñero, las hortensias, los abrigos viejos en la parte de atrás del armario, la insospechada privacidad del medidor de agua, la cisterna. A veces éramos tan brillantes que pensábamos que deberíamos habernos dedicado al ajedrez... conocíamos tantas jugadas. Solíamos hacer trampa dejando la botella esta vez en un lugar obvio, detrás del diván o del sofá, detrás de los libros. Brillantes. Hasta que nos confrontaban con la botella.

Más desesperante era, sin embargo, esconder con tanta inteligencia que nos olvidábamos dónde estaba. No era el tipo de cosas sobre las que se puede preguntar a la familia. Y tampoco podíamos darnos el lujo de que se notara que estábamos buscando. Era una misión realmente desesperante. Ningún deporte en el mundo conlleva tantos peligros, ansiedades, pruebas de memoria, trampas, recompensas y fracasos como "La búsqueda de la botella". Recuerdo cómo plantaba una botella selecta de oporto de calidad inferior entre los arbustos, sin corcho, porque hasta temía que el corcho hiciera ruido. Recuerdo ir hasta ella como una paloma mensajera en la mañana y encontrarla volcada y ¡vacía! Era domingo a la mañana, para completar el desastre. La perspectiva era fría y sombría... desesperada... los ojos se sentían calientes, pero el cuerpo frío,... las manos temblaban, se sentía todo pesado, los pensamientos eran suicidas. Pero nunca olvidaré cuando encontraba la botella: en ningún otro momento era tan intensa la recompensa de la exultación interior. Recuerdo cómo me aferraba a la botella, temblando, con las manos frías, hablándole, casi cantándole un himno de alabanza... murmullos... dicha... al fin un amigo... la botella... el trago... el balbuceo... y qué hermoso cuando estaba dentro, regalando un destello momentáneo de bienestar... nuestro único amigo en el mundo. De todo esto podemos reírnos ahora, tan cómico es, y demasiado complejo para cualquier escenario.

Éramos los payasos en una de las tragicomedias de la vida. Juntos echamos mano a estas cosas de las que alguna vez tanto nos avergonzamos, y las apretamos contra el deshilachado tapiz de nuestras vidas alcohólicas mientras nos reímos casi histéricamente de nuestra locura. Pero lo bello en todo esto es que nos reímos sólo de nosotros.

¡De nadie más!

JIM
Sydney, Australia

CAPÍTULO DOS

"Incluso si mi historia no ayuda a nadie, al menos será maravilloso para mi ego".

MOMENTOS EGOCÉNTRICOS

Los miembros de AA hablan de su tema favorito: ellos mismos

No es fácil admitirlo, pero el ego a veces asoma su cabeza fea. A los miembros de AA, tanto a los que hace poco que están sobrios como a los que hace ya mucho tiempo dejaron la bebida, les gusta sentirse importantes. En "El mejor cafetero en AA", uno de los miembros ofrece galletas gourmet a su grupo para demostrarles cuánto se preocupa por ellos, y se niega a pedir ayuda (eso no se vería bien). "El rey del panqueque", el cocinero de un desayuno semanal de AA con panqueques recibe muchos elogios por sus esfuerzos y, más tarde, descubre que le resulta difícil entregar la espátula; nadie hace panqueques tan bien como él.

No es sino hasta después de un tiempo que pueden recordar estos comportamientos con una sonrisa. Con suerte, cuando aprendemos a querernos y nos concentramos en ayudar a los demás, no necesitamos sentirnos tan importantes. Por supuesto que el ego sigue presente: como con todo, apuntamos al progreso, no a la perfección.

======================

EL REY DEL PANQUEQUE
Octubre de 2010

Aproximadamente seis meses después de haber ingresado a AA, me sentía de maravilla. Luego, por alguna razón, comencé a sentirme inquieto y descontento y, finalmente, caí de la nube rosada de la nueva sobriedad... y lo hice con un golpe brusco. En aquel entonces, vivíamos en Siracuse, Nueva York, y mi padrino, Ed, me sugirió asistir a distintas reuniones y volvió a recalcar la importancia de participar en el servicio de AA. Así fue como, la mañana de un sábado, entré a la reunión de desayuno con panqueques, y en ese momento realmente comenzó mi feliz viaje hacia la sobriedad.

"¿Sabes cocinar? Nuestro cocinero nunca viene", me preguntó un hombre muy grande que sostenía una espátula de 18 pulgadas cerca de mi cara. Intuí que "no" no era la respuesta correcta, por lo que susurré un "sí" y seguí al hombre hacia la cocina. "Por lo general, tenemos alrededor de 50 personas para el desayuno, pero hoy servimos papas fritas, así que es probable que vengan más", dijo, mientras señalaba una caja grande de mezcla para panqueques y una altísima pila de hamburguesas de salchichas.

Afortunadamente, había llegado temprano y tuve unos minutos para preparar la masa y calentar la estufa a la temperatura correcta, con tal suerte que mis primeros esfuerzos por lo menos parecían comestibles. Pronto comenzaron a llegar los clientes habituales, más rápido de lo que lograba terminar de cocinar. Obtuve la ayuda que tanto necesitaba por parte de un par de otros recién llegados ansiosos por echar una mano. Pronto teníamos un sistema implementado y en marcha, y las demandas quejosas de panqueques fueron disminuyendo.

Luego del desayuno hubo una gran reunión, a la que siguió una gran sorpresa. Lee E., la moderadora del grupo, hizo algunos comentarios y finalizó diciendo: "Me gustaría agradecerle a Norm y al equipo de cocina por el sabroso desayuno". Todos aplaudieron con ganas y algunos hasta dijeron: "Buen trabajo, Norm". Si me hubiera ganado la lotería no me habría sentido tan bien como en ese momento. Llevaba sólo seis meses de recuperación, y este excelente grupo de gente me estaba agradeciendo por hacer algo que me había resultado divertido y gratificante.

Luego de la reunión, mientras limpiábamos la cocina (las hornillas y la espátula brillaron como nunca antes), Lee me preguntó si podía ayudar el próximo sábado. ¡Guau! No veía la hora de que fuera la semana próxima. Llegué allí a las 6:30 a.m., media hora antes de que Lee llegara para abrir. A partir de ese día, me comprometí durante más de un año como cocinero y cafetero, lo que me posibilitó vivir en carne propia los beneficios del servicio. Recibí una retribución diez veces mayor a cualquier esfuerzo realizado, tal como mi padrino Ed me había prometido.

Mi segundo sábado fue aún mejor. Me había preparado leyendo algunos libros de cocina, y mis panqueques pronto adquirieron un color dorado y una forma uniforme, y las salchichas salían "a la perfección" para cuando los miembros comenzaron a llegar. Lee me agradeció una vez más y recibí algunos otros "bien hecho" al final de la reunión; no había fuerza en la tierra que me impidiera hacer mi nuevo trabajo como cocinero. En un mes, más o menos, tenía la cocina lista para las 7:30 a.m. En mi mente, me había convertido en uno de los mejores cocineros de panqueques de la historia. Compartía esta información libremente en otras reuniones en Siracuse. Y luego... llegó el sábado oscuro.

Todo comenzó cuando me tomé un descanso de dos minutos de mi puesto como cocinero jefe para servirme un poco más de café. Al volver a la cocina, no podía creerlo: Dirk había ocupado mi puesto. Estaba usando mi espátula para dar vuelta a los panqueques en mi cocina, y había movido de lugar la masa para hacerlos. Escondiendo mi furia, cedí mi lugar en función de su antigüedad (Dirk ya llevaba más de un año en AA en ese entonces), y realicé la humillante tarea de servir el jugo, grabando en mi mente cada equivocación que cometía Dirk.

Cuando Lee dio las gracias esa mañana, yo estaba muy avergonzado, ya que Dirk no había cocinado los panqueques del tamaño correcto y varias de las salchichas estaban quemadas. Sentí que mi reputación se convertía en cenizas.

Solicité una reunión urgente con Ed. Mientras yo daba rienda suelta a mi ira por el comportamiento prepotente de Dirk, Ed me observaba con paciencia y divertido. Me dijo que no debía tomármelo tan a pecho, que lo olvidara y que continuara con mis tareas en la reunión de panqueques. Que todo saldría bien. Me dijo que yo siempre trataba de hacerme el importante, y señaló que tendía a considerarme mejor que los demás. "Tu ego te ciega por completo… una vez más", fueron sus palabras de despedida esa mañana. Ahora le guardaba rencor a dos personas: Dirk y Ed.

A partir del sábado siguiente pude resolver el problema. Tan pronto como llegué, a las 6:30 a.m., no solté la espátula durante todo el desayuno. Además, le pedí a un muchacho nuevo, de quien actuaba como padrino, que me trajera el café cuando se me terminaba, de modo que nadie usurpara mi puesto de mando. No me molesté en comentarle a Ed acerca de mi solución creativa. Si no fuera por mi ego, era un período importante en mi recuperación. Llegar temprano me permitió conocer bien a algunos de los miembros del grupo e hice amistades que conservo hasta el día de hoy. El compromiso y la responsabilidad necesarios para llevar a cabo ese trabajo se trasladaron hacia otros aspectos de mi vida, y me convertí en mejor esposo, padre y empleado. Si era capaz de mantener la cocina y la espátula limpias, tal vez podría ayudar a mi esposa en nuestra cocina. Si era capaz de morderme la lengua y no decir nada sobre la intrusión de Dirk, tal vez podría tenerles más paciencia a mis hijos. Y si era capaz de prestarle atención a Ed, tal vez podría ser menos duro conmigo mismo y con las personas que me rodeaban.

Luego de aproximadamente un año de ser el rey del panqueque, mi hijo comenzó a jugar en una liga juvenil de hockey, y me ofrecí como voluntario para ayudar con las prácticas del equipo. El horario de la práctica era de 7 a.m. a 8 a.m. todos los sábados, por lo que, de mala gana, tuve que abandonar mi puesto de gran importancia en la reunión. Para mi sorpresa, mi actitud resultó ser tan responsable en las prácticas de hockey como en la reunión de panqueques. Algunos de los buenos hábitos que adquirí como cocinero y cafetero se vieron reflejados en mi rol como padre. Una agradable sorpresa.

Una vez finalizados los cuatro meses de la temporada de hockey, regresé a la reunión de panqueques. Temía que la hubieran cerrado, ya que yo no había estado para encargarme de la cocina. Fue una gran sorpresa encontrarme con que estaba más grande que nunca, y también lo fue el hecho que durante los agradecimientos al final de la reunión, no se mencionó ni una sola vez que un célebre antiguo cocinero se encontraba en la sala. Difícil de creer. Pero para esa época, mi ego había disminuido un poco, y tanto Ed como yo nos reímos del pequeño descuido de Lee.

Se presentaron muchas otras oportunidades de brindar servicio con el paso de los años; y siempre la retribución fue mucho mayor que los esfuerzos realizados. Hace un tiempo, mi esposa Lesley y yo asistimos a una reunión de la que habíamos estado ausentes hacía un tiempo. Descubrimos que el cafetero no había ido la semana anterior, la asistencia en general estaba disminuyendo y la reunión corría peligro de no volver a realizarse. Mi esposa se ofreció para realizar las tareas relacionadas con el café y, en poco tiempo, la reunión pudo volver a su ritmo normal. Esta vez no hubo aplausos, pero fue algo muy hermoso sentir cómo la energía y el entusiasmo regresaban al salón. Una vez más, la gratificación fue desmedida, pero eso es algo que considero es lo normal con las oportunidades de servicio que ofrece AA.

Si bien nos mudamos a Carolina del Norte hace tres años, con frecuencia sonrío cuando pienso en mi primera oportunidad de servicio en la reunión de panqueques. Además, he sido muy afortunado al encontrar otras oportunidades para ayudar en el programa con el correr de los años, por ejemplo, como cafetero en distintas reuniones, algunos puestos como secretario del grupo, y en muchas ocasiones como tesorero y RSG; y también he tenido el privilegio de apadrinar a bastantes miembros. Cada situación ha sido importante para mi recuperación, y mucho más gratificante que cualquier esfuerzo realizado de mi parte. Cuando empecé me dijeron que no puedes mantenerte sobrio a menos que lo compartas. Para mí es un privilegio formar parte de esta increíble comunidad. Y ha sido un privilegio aún más grande haberme involucrado en los servicios de AA. Apenas ingresé, me dijeron que no tomara, que asistiera a las reuniones, siguiera los Pasos y que me involucrara: un excelente consejo que me ha guiado hacia una vida maravillosa.

NORM H.
Cary, Carolina del Norte

LUCES BRILLANTES, GRAN EGO
Septiembre de 2004

Mi primer intento por mantenerme sobria fue en 1988. Asistía a reuniones todas las noches, leía el Libro Grande, rezaba. Yo, yo, yo... Como se ve, aunque le rezaba a Dios, realmente sentía que yo podía resolver mis problemas sola. Vivía en una comunidad llamada Montego Bay, y no manejaba, por lo que mis amigos me llevaban a las reuniones y me iban a buscar. Una noche en particular, sentía mucho descontento. Nada de lo que se habló en la reunión me causó impresión alguna y, durante todo el regreso a casa, me pregunté por qué me tomaba tanto trabajo mantenerme sobria. Entonces, sucedió un milagro: mientras nos acercábamos al letrero que dice "Montego Bay", las luces del cartel comenzaron a apagarse. La única parte del letrero que quedó iluminada fue "ego". Nadie pareció notarlo, excepto yo, y lo tomé como una señal de Dios. Mi ego estaba dejando a Dios de lado y mi orgullo y mi egocentrismo estaban bloqueando mi serenidad. Inmediatamente, mi noche cambió para mejor.

CAROL T.
Bishopville, Maryland

EL EGO QUE SUBE Y BAJA

Agosto de 1978

Para dar una idea del panorama, confesaré que estoy reclusa en una prisión de mujeres. En el primer dormitorio donde vivía, había un grupo de mujeres que madrugaban y se reunían en la sala de estar, todas las mañanas, para tomar un café y hablar antes de ir a trabajar.

Luego de varios meses de reclusión, comencé a bajar notablemente el peso que había ganado el año que estuve en libertad bajo fianza, y comencé a verme mucho mejor. Además, me iba acostumbrando a mis circunstancias y me encontraba más relajada. Por lo general, estas pequeñas reuniones en la mañana eran agradables, y nos hacíamos cumplidos entre nosotras, aunque sólo fuese para levantarnos la moral.

Luego, de repente, comencé a recibir insultos en lugar de cumplidos. Después de haber perdido 25 libras, una mujer comenzó a hacer comentarios como: "¿No estarás ganando peso, no?" Al principio no le prestaba atención, pero luego comenzó a criticar el hecho de que usara maquillaje. Solía decir: "Dios mío, desde que estás aquí has envejecido diez años". Luego de un par de semanas de constantes insultos en la mañana, finalmente decidí tomar el café en mi habitación. La vida en prisión ya es lo suficientemente desalentadora sin necesidad de agregar agresiones.

Sin embargo, los insultos habían empezado a afectarme y comencé a preocuparme de que realmente estuviera perdiendo mi belleza. Atentamente me miraba en el espejo, intentando detectar nuevas arrugas y realizaba un inventario diario de mi figura en el espejo, de cuerpo entero, para asegurarme de que no estuviera ganando peso. Continuaba adelgazando — probablemente porque estaba preocupada. Mi ego estaba curándose lentamente luego de haber sido gravemente herido, y el menor desprecio tenía un efecto mucho más devastador de lo que debería. Un solo comentario sarcástico podía arruinar mi día entero.

Luego, un sábado, cuatro personas del mundo exterior, dos mujeres y dos hombres, vinieron a visitar a nuestro grupo de AA. Se interesaron mucho por mí porque se enteraron de que había escrito un artículo en la revista Gravepine y lo habían aceptado ("Mi nombre es Helen", julio de 1977). Antes de que comenzara la reunión, me senté con estos visitantes y tuve una conversación espléndida. Debo admitir que el hecho de que se hubieran interesado por mí especialmente me hizo sentir bastante bien.

Cuando la reunión comenzó, me senté al frente con las otras reclusas. Yo estaba delante de la mesa donde se encontraban los invitados. Uno de los hombres, lo llamaré Joe, sonreía y me miraba. Los otros tres visitantes hablaban y, mientras tanto, Joe continuaba sonriendo y mirándome. Comencé a pensar que, después de todo, no debía lucir tan mal, y que le regalaría mi mejor sonrisa cuando nuestros ojos se encontraran. Comencé a sentirme muy bien, siempre fijándome que mi blusa estuviera abrochada y mi falda bien acomodada. Sentía el color en mis mejillas mientras el hombre continuaba mirándome.

Al fin llegó la hora en que debía hablar Joe. Era evidente que estaba dirigiéndose a mí mientras hablaba, y continuó mirándome fijamente y sonriendo. Yo asentía cada vez que decía algo serio. Me reía alegremente cuando decía algo gracioso. Todo el tiempo, en mi mente, estaba encantada porque mi atormentadora estaba allí, y Joe claramente pensaba que yo era atractiva, sin importar lo que ella pensara.

Joe estaba terminando su charla, aún mirándome, aún sonriendo, mientras yo disfrutaba de su atención y me sentía mejor que nunca. Entonces fue cuando trajo a colación el incidente que le costó la vista algunos años atrás. Joe era totalmente ciego.

Tuve que hacer un esfuerzo enorme para no reírme a carcajadas de mí misma. Esa reunión puso las cosas en perspectiva para mí.

H. P.
Florida

EL MEJOR CAFETERO EN AA

Febrero de 1988

"**AA** no me sirve", dijo. "Tampoco a mí", le respondí. Mi nuevo amigo no estaba en su mejor momento. Recién salía del hospital. Yo lo estaba ayudando a completar algunos formularios, ya que eso es parte de mi trabajo. Había un elemento de la vida que estaba faltando en sus ojos. Estaba delgado, como si no hubiera comido durante mucho tiempo. Cualquiera fuera la razón por la cual había estado en el hospital, lucía como alguien que se estaba muriendo de hambre. No sólo por falta de comida, sino un hambre espiritual.

Peor aún, lucía como alguien que hacía años que no veía ni escuchaba algo divertido.

Pero levantó su cabeza y me miró. Noté que le sorprendió mi respuesta. Le sonreí, porque me estaba mirando fijamente y era la primera vez que lo hacía. Entonces le conté la historia de "Cuando fui cafetero".

"Me lo impusieron", le dije. "Me forzaron en contra de mi voluntad. Por cierto, ¿a cuántas reuniones de AA has asistido?"

Se encogió de hombros. "No lo sé. Una docena, tal vez. Pero no me funciona".

OÍDO EN REUNIONES:

"DEBO HACER COSAS QUE OCUPEN MI MENTE EN ALGO QUE NO SEA YO Y MI EGO. YA ESTÁ DEMASIADO LLENO".

JIM F., TASMANIA, SEPTIEMBRE DE 2008

"Tampoco a mí", repetí.

Me obligaron a trabajar como el cafetero de AA (le expliqué). Bueno, esta es una de las reuniones grandes, con alrededor de ochenta personas o más. Me nominaron y fui elegido por unanimidad. Un gran honor, ¡ja! Entonces, decidí demostrarles lo fuerte que soy, y acepté. Pero déjame decirte, una semana después me vengué del sujeto que me nominó. Lo convencí de convertirse en mi padrino.

Pensarás que hacer café es fácil. Pero no lo es, en verdad es difícil. Y en especial cuando lo haces para ochenta, noventa, tal vez cien miembros de AA, los mismos todas las semanas, y que no muestran ninguna señal de agradecimiento. Déjame decirte que no es tarea fácil.

Esta reunión comenzaba todos los viernes a las 6:30 p.m., aproximadamente dos horas después de que terminara de trabajar, al otro lado de la ciudad. Esto significaba que debía manejar hasta allí, preparar el café y todo sin haber podido ir a mi casa antes. Y no sólo eso: tenía que detenerme en una panadería para comprar pastel recién hecho para acompañar el café. Estas no eran reuniones de galletas comunes y corrientes; tenían clase. Y, nada de esa crema no láctea, compraba crema de verdad. ¿Y el café? Obviamente, debía ser el mejor en AA. Quería demostrarles a todos que podía con cualquier cosa.

Descubrí una tienda que vendía café gourmet, y compraba cinco o seis libras a la vez. Te digo, la gente me rogaba que le revelara el secreto.

Y eso no es todo, amigo mío. Además de tener que hacer dos grandes jarras de café y de agua caliente para el té, tenía que armar mesas enormes en todo el salón, ubicar todas las sillas, distribuir la literatura gratuita y tener todo listo para la secretaria. Y además, tenía que estar preparado antes de que llegaran los demás. Después de todo, no quería que se dijera por ahí que me habían ayudado. Y para completar el trabajo, al finalizar la reunión, me encargaba de guardar todas las mesas y las sillas y lavar las jarras de café. Me resultaba difícil evitar que la gente me ayudara con la limpieza, por lo que, finalmente, acabé por aceptarla.

En resumen, sufrí este trabajo cada semana durante seis meses completos. Nunca se me ocurrió que podría estar pensando de forma equivocada, lo que pasaba era que estaba decidido a demostrarles que podía, yo solito. Iba todas las semanas, sobrio. A medida que se acercaba el momento de finalizar mi puesto como cafetero, sabía que los tenía justo donde quería. Porque a esa altura ya realizaba mi trabajo a la perfección. El día de San Valentín llevé galletas con forma de corazón. El día de San Patricio llevé galletas con forma de trébol. Sabía dónde encontrar el mejor pastel recién horneado para acompañar el café, y una vez al mes llevaba un enorme pastel de cumpleaños. Sabía exactamente cómo organizar las sillas y las mesas, en la menor cantidad de tiempo posible, para ubicar a la mayor cantidad de personas dentro del espacio más pequeño posible. Y nadie más conocía estos secretos, porque hacía mi trabajo sin la ayuda de nadie. En otras palabras, esta reunión dependía enteramente de una sola persona: de mí, el cafetero. Pensé que había diseñado la venganza perfecta, todo lo que debía hacer era esperar a mi última semana en este puesto. Llegado el momento, me paré frente a todos y anuncié que no realizaría más mi trabajo. Rápidamente eligieron a un pobre muchacho nuevo para que tomara mi lugar, y le entregué las llaves. Pero yo sabía que no estaría allí la semana próxima. No habría nadie que le enseñara al pobre diablo; debería arreglárselas él solito. Probablemente renunciaría cuando descubriera cuánto trabajo tenía por delante. No había posibilidad alguna de que hallaran a alguien que me igualara. Y como no habría quien organizara las sillas e hiciera el café, supuse que esta reunión duraría un mes y luego debería cerrar por completo.

Sin embargo, había algo que no había tenido en cuenta: que extrañaría ese estúpido trabajo. Me mantuve firme y no asistí a esa reunión (esperaba escuchar que había cerrado para siempre). Pero, de repente, me di cuenta de que extrañaba tener algo importante que hacer los viernes por la noche.

También me di cuenta de algo que no había pensado antes: me había mantenido sobrio durante los últimos seis meses. Tal vez esto tuvo algo que ver con el hecho de que me obligué a pensar en alguien más que en mí durante un tiempo. Tal vez acepté el trabajo de cafetero con la mente retorcida y perversa, el mismo tipo de pensamiento que solía tener cuando bebía. Pero me había presentado y cumplí con mi tarea, y estaba mejorando. No sólo eso, incluso comencé a hacer amigos, y la gente me hablaba y recordaba mi nombre. Tal vez todo seguía funcionando en mi.

No tardé mucho en buscarme otro trabajo de servicio en AA, como secretario de otra reunión. Desde ese momento, he tenido al menos un trabajo al cual debo asistir periódicamente y pensar en alguien más además de mí.

Por eso le dije que AA no me sirve. Porque es al revés. Yo le sirvo a AA. Si no trabajo, no mejoro; porque sabes, no existe la recuperación sin servicio a los demás.

¿Cómo? ¿Quieres saber qué pasó con esa reunión luego de que me fui? Volví unas semanas más tarde para ver cuánto había decaído. Verás, fue terrible. El muchacho que me reemplazó como cafetero no tenía idea de cómo organizar las mesas y las sillas correctamente. Entonces, las ubicaban de cualquier forma. No hace falta aclarar que la calidad del café dejaba mucho que desear. Lo peor de todo era que el nuevo cafetero llegaba mucho más tarde de lo que yo hubiera llegado jamás, por lo que no podía hacerlo todo él solo; otras personas lo ayudaban. Era casi como si estuviese haciendo trampa. Yo estaba escandalizado.

Pero, de alguna forma, la reunión pudo continuar sin mí. Esto fue hace un par de años, y ahora soy el Representante de Servicios Generales de ese mismo grupo. Hemos pasado por muchos otros cafeteros hasta ahora, y siempre me aseguro de que cada uno de ellos tome este trabajo tan en serio como yo lo hice. Pero, después de todo, esta cuestión de estar sobrios es algo serio, ¿verdad? Dime, ¿de qué te ríes?

BART B.
San Francisco, California

MI RABIETA POR EL TÉ HELADO

Septiembre de 2009

"Lesley, ¿me traerías té helado?", grité desde el sillón reclinable, con la rodilla derecha sobre un almohadón, después de mi cirugía de la rodilla. "Claro", sonó la voz alegre de la adorable mujer que me ha soportado como esposo (a veces muy demandante) durante todos estos años. "Aquí tienes. Me voy a una reunión", dijo. Me entregó la botella de té y un vaso con hielo y luego se dirigió hacia la puerta.

Mientras me servía el té, me di cuenta. Sólo había cuatro cubos de hielo en el vaso. No le pedí té a temperatura ambiente ni té tibio. Le pedí té helado. Como cualquier consumidor de té helado sabe, se necesitan al menos ocho (preferentemente 12) cubos de hielo para hacer un buen té helado. ¿En qué estaba pensando?

"¡LESLEY!", grité, cuando vi el automóvil alejándose. Mientras buscaba mi teléfono, mi primer pensamiento (alcohólico) fue llamar a mi esposa para que volviera y realizara, en forma correcta, la tarea que le había pedido. Pero cuando estaba a punto de presionar el botón para llamar, la cara de mi antiguo padrino, Ed L., se me vino a la mente. Pude verlo, claro como la luz del día, mirándome por sobre sus anteojos con una sonrisa, moviendo lentamente la cabeza.

"Norm, eres un idiota. Con tu ego tan infantil, piensas que el mundo entero gira a tu alrededor y puede leer tu mente, crees que todos debemos complacer tus caprichos y hacer todo exactamente como tú quieres que lo hagamos. ¿Cuándo vas a aprender?", solía decirme reiteradas veces.

Dejando el teléfono, me di cuenta de que aún estaba tratando de hacerme el importante, que pensaba "quiero lo que quiero cuando lo quiero, precisamente como lo pedí".

Sé que puedo ser mejor persona. Pero aun así, la vieja forma de pensar regresa sorpresivamente y, con frecuencia, con mucha fuerza.

Hace mucho tiempo desde mi rabieta por el té helado con pocos hielos. Sin embargo, hace poco lo recordé al ver mi medalla de 32 años. La misma adorable persona que me sirve cuatro cubos de hielo me entregó la medalla frente a mi grupo base. Les contó que aquel hombre, a quien estuvo a punto de echar de la casa hacía ya tantos años, se había convertido en un buen esposo, padre y, en los últimos años, en un cariñoso abuelo.

Para llegar a ser ese miembro agradecido, y muy afortunado por contar con esta maravillosa Comunidad, que recibió la medalla, tuve que recorrer un camino pleno de acción desde aquella persona incompetente y controladora que supe ser. No ha sido un viaje tranquilo y sin inconvenientes, pero el progreso se puede ver.

Voy en la dirección correcta y me siento verdaderamente bendecido. Mi modo de proceder ha demostrado ser el siguiente: dos pasos hacia adelante y uno hacia atrás. Aún tiendo a ser bastante exigente, inmaduro y me dejo llevar por mi ego, incluso después de todos estos años. Cuando la situación se vuelve difícil, sin embargo, aprendí qué debo hacer. Hablo con mi padrino, me tranquilizo y voy a una reunión. Y todo se resuelve... hasta la próxima vez. Mi objetivo es el progreso, no la perfección.

Pero sé que con los Pasos guiándome, con todas las herramientas que tenemos y un Poder Superior siempre presente, estaré perfectamente bien. Hace treinta y dos años me dijeron que no tomara, que asistiera a reuniones y que, de este modo, mi vida mejoraría. Fue el mejor consejo que pudieron haberme dado en mi vida.

NORM H.
Cary, Carolina del Norte

CAPÍTULO TRES

MAYO DE 2007

"Muy bien. Acabo de terminar mis noventa reuniones en noventa días. ¿Cuándo van a decirme cómo funciona esto?"

CONFUSIONES

La vida es más fácil al llegar a AA

Cuando ya has pasado varios años en el programa, es fácil olvidar lo confuso que fue todo en un principio: llegar a entender cómo funcionan los Pasos, aprender el significado de las Tradiciones, poder superar ese primer evento social al que asistes sin beber, y comenzar a relacionarte con otras personas y confiar en ellas. Los miembros relatan cómo los sorprendía darse cuenta de que las personas no notaban que no estaban bebiendo, ni les importaba, cómo cuenta la historia "Cómo comportarse en una fiesta". Otros comparten cómo se sintieron cuando finalmente lograron disfrutar de su vida. "Entre lo mucho que había perdido cuando decidí entrar a AA, estaba mi sentido del humor. Ahora, después de catorce meses de haber dejado el alcohol y alrededor de un mes de sobriedad, algunas de estas cosas están regresando lentamente...", relata el autor de

"Suceden cosas graciosas". Las historias que encontrarás en este capítulo tratan sobre los tropiezos, los descubrimientos y las lecciones aprendidas en los comienzos.

APRENDER A VOLAR
Febrero de 1992

S oy Sybil, y soy alcohólica. Me uní a esta Comunidad en 1941, y me gustaría rememorar contigo un poco esas viejas épocas que yo llamo "los días de las caravanas del oeste".

Hace un par de semanas, mi esposo me preguntó si recordaba la última vez que había bebido, y le respondí: "Claro que sí". Un día conducía sola, y sentía muchos deseos de ir a casa pero también mucho temor, porque no quería enfrentar a todos, y terminé en San Francisco. Ahora sí que no podía ir a casa: ya era el día siguiente. ¿Qué podía hacer? Temblaba, sudaba, tenía los ojos inyectados, la cara hinchada, ya no me quedaban mentiras, y pensé: "Si vuelvo a casa ahora, será demasiado tarde. No se me ocurre ninguna excusa verosímil".

Estacioné el automóvil y caminé, hasta que vi el letrero: "Baños turcos El sultán". Decidí que podía ir y sudar hasta ponerme en buen estado, pero pensé que antes sería mejor conseguir algo para leer. Así que me detuve en el puesto de periódicos y compré el *Saturday Evening Post* por cinco centavos. Era del 1º de marzo de 1941 y en la portada decía "Alcohólicos Anónimos, por Jack Alexander". Me asombré, porque había leído sobre AA en 1939, en la revista Liberty, creo, y era un pequeño párrafo que ocupaba un par de centímetros. Aun así, me había impactado, y había querido cortarlo y guardarlo, pero no lo había hecho. Y aquí estaba. Así que me llevé la revista, tomé el baño de vapor, y aunque me sentía muy mal como para poder pensar claramente, sabía que había una esperanza.

Por alguna razón, creía que AA tenía un hospital, una clínica o alguna instalación semejante, pero al final del artículo se indicaba que, si se necesitaba ayuda, se debía escribir a tal y tal dirección, en Nueva York. Toqué la campana para llamar al encargado del baño y le pedí papel, lápiz, un sobre y una estampilla, y escribí una carta bastante lastimosa para enviar a Nueva York. Dije que era una alcohólica desesperada y que tomaría el primer avión hasta allí para probar su cura.

Unos días después, llegó la respuesta por correo de entrega inmediata de parte de Ruth Hock. ¡Dios la bendiga! Era la taquígrafa (no alcohólica) de Bill W., y lo había sido durante muchos años cuando Bill trabajaba en Wall Street. Y ahora seguía trabajando para él y respondía toda la correspondencia que llegaba por el artículo del *Saturday Evening Post*. Su respuesta decía: "No es necesario que vengas a Nueva York, porque hay un grupo en Los Ángeles que atiende a todo California. Es muy pequeño y hacen un gran esfuerzo. Han realizado reuniones en los vestíbulos de algunos hoteles, pero ahora se reúnen en el Elks Temple todos los viernes a las 8:30 de la noche". Y agregó: "Estoy segura de que serás muy bien recibida. No tienen ninguna mujer en el grupo de alcohólicos de California".

Parecía que había nacido en mí una fe que me decía que todo iba a estar bien. Me vestí, y como no podía peinarme, me puse una especie de turbante en la cabeza que me cubría todo el cabello, y salí hacia allí. Cuando llegué al Elks Temple, me indicaron que fuera hacia un pequeño salón comedor, donde me senté en una mesa con otros diez o doce hombres y algunas mujeres. Me volví invisible, si es que eso es posible, porque todos se veían muy felices, reían y conversaban. Pensé que debían ser los médicos y las enfermeras, y que en cualquier momento me darían alguna píldora: la píldora mágica, la solución a todos los problemas.

Finalmente, uno de los hombres se levantó y golpeó la mesa para pedir silencio. Dijo: "Esta es una reunión regular de Alcohólicos Anónimos de California. Somos un grupo de ex borrachos que se reúne para lograr la sobriedad, y mantenerla en forma permanente, sin reservas mentales en absoluto". Por dentro, pensé: "¡Qué encargo! No creo ser capaz de lograrlo". Bueno, no tuve que hacerlo esa noche. Ni siquiera pude intentarlo, porque el hombre agregó: "Pero como es nuestra costumbre, antes de comenzar, todas las mujeres deben irse". Estas dos mujeres, a quienes ni siquiera les había prestado atención porque estaba tan aterrada, salieron tranquilamente hacia el vestíbulo. Más tarde, me enteré de que ellas eran las esposas: en ese momento no existían los grupos AA. Por eso, las mujeres estaban acostumbradas a irse de las reuniones y esperar en el vestíbulo, y luego regresaban para compartir el momento del café y las rosquillas. Pero yo creía que habían tramado todo eso para echarme. Y funcionó, porque me tapé la cara con las manos y corrí hacia el vestíbulo. Me escondí en el baño de mujeres y tuve un ataque de histeria; luego me subí al auto, conduje hasta un bar y me emborraché.

Pensaba: "¡Cómo pueden ser tan selectos! Echarme de esa forma..." Mientras bebía y me enfurecía más, comencé a mirar a la gente del bar y a decirles: "Soy miembro de Alcohólicos Anónimos". Y me decían: "¿A quién le importa?". Luego, a las dos de la madrugada, cuando el cantinero estaba intentando sacarme del bar, llamé a Cliff, quien aparece en el libro *AA Comes of Age* (*Alcohólicos Anónimos llega a su mayoría de edad*). Cliff y Dorothy se hacían cargo de todas las llamadas de Paso Doce en California desde que el grupo comenzó en 1939. Yo estaba indignada y le dije: "Fui a tu grupo anoche y me echaron". Él respondió "No, no, no, estoy seguro que no hicieron eso. ¿Tú les dijiste que eras alcohólica?". "Claro que no, y te aseguro que sí me echaron". Me dijo: "Bueno, te necesitamos, te necesitamos. Por favor regresa, nunca tuvimos una alcohólica en el grupo". Cuando escuché las palabras "te necesitamos", pensé: "Bueno, soy una buena mecanógrafa, quizás podría ofrecer mis servicios como voluntaria". Entonces le dije: "Está bien. Ahora, ya tuve suficiente, quiero que me manden la ambulancia de AA". "No tenemos nada semejante", me dijo. "Regresa el próximo viernes y diles que eres alcohólica. Serás tan bienvenida como las flores en mayo".

No sé qué hice durante toda esa semana. Probablemente, estuve ebria y sobria, y luego ebria y sobria, pero hay algo que sí sé: que fue un milagro haber regresado, y le agradezco a Dios por eso. Pero no regresé sola, porque esa semana mi hermano Tex vino a visitarme. Vino a mi casa y recogió el folleto que Ruth me había enviado desde Nueva York, el único que AA tenía. Era un folleto pequeño que describía los Pasos muy brevemente y mientras él leía, tenía una botella en su bolsillo, como de costumbre. Lo miraba y decía: "Esto es muy bueno, Syb. Saben muy bien lo que hacen. Así que vas a ir el viernes, ¿no?". "Así es, Tex", le respondí. Y entonces me dijo: "Muy bien, iré contigo". Y agregó: "Te diré la verdad, la razón por la que quiero ir... Los muchachos que trabajan para mí en Skid Row... No logro armar una cuadrilla firme". Mi hermano era vendedor ambulante de verduras, tenía un camión y salía cerca de las cuatro de la mañana, pero los borrachines a veces no se presentaban a trabajar. Me dijo: "Si logro que estén sobrios, ganaré mucho dinero. Así que lo que haré es llevarlos a este lugar para que los curen".

Así que, con miedo y temblorosa, esperé que llegara ese viernes. Tex se detuvo con su camión de verduras frente a mi casa, y en la parte trasera llevaba 11 borrachines. Me trepé al camión y me senté junto a Tex, y nos fuimos a la reunión. Esa semana había algunas personas más que la semana anterior, pero los resultados del artículo del *Saturday Evening Post* estaban todavía por venir. Pude escuchar cuáles eran los Doce Pasos, y también leyeron el Capítulo cinco.

Al finalizar la reunión, Frank R. (Dios lo bendiga, él fue mi padrino, y también Cliff) se estiró para alcanzar un montón de cartas que habían llegado después de que se publicó el artículo. Cientos de cartas de alcohólicos. Miró al grupo reunido, pequeño y escaso, con Tex y sus borrachines, y yo, y unas quince personas más, y dijo: "Muy bien, ahora tenemos que lograr que todos estos alcohólicos estén aquí el próximo viernes por la noche. Así que vamos a dividir este grupo en secciones. Si hay alguien de Riverside County, que venga y se ocupe de estas visitas de Paso Doce". Tex se acercó al frente y Frank le dio unas cuarenta o cincuenta cartas de alcohólicos que pedían ayuda, para que las leyera y

---

OÍDO EN REUNIONES:

"EL PROBLEMA CON LA RECOMPENSA INMEDIATA ES QUE NO LLEGA LO SUFICIENTEMENTE RÁPIDO".

RICK W., NUEVA YORK, NUEVA YORK, ENERO DE 2009

las respondiera. Luego preguntó: "¿Hay alguien de la costa?". Un hombre, Curly, de Long Beach, levantó la mano. Se acercó y recibió otras cuarenta o cincuenta cartas. Y así siguió con Pasadena, Santa Mónica, un hombre de Fresno, uno de Santa Bárbara, y continuó hasta que sólo quedó una pila de cartas, la quinta parte del total, aproximadamente.

Y anunció: "Guardé esta pila para el final porque ahora tenemos una alcohólica en el grupo. Su nombre es Sybil. Ven aquí, Sybil. Te pondré a cargo de todas las mujeres". Debía ser sincera. Subí y le dije: "Es probable que esté ebria el próximo viernes. Siempre lo estoy". Y agregué: "¿Qué vas a hacer hoy? ¿Qué vas a decirme para hacer una diferencia? ¿Para que cuando me vaya por esa puerta esta noche y pase toda la semana sola, no sienta esas mariposas en el estómago y las manos sudorosas? ¿Qué es lo que será diferente esta vez? Tienes que hacer algo esta noche para que pueda mantenerme sobria por una semana. Quisiera poder ir a tocar el timbre de todas esas alcohólicas y traerlas aquí, pero no he leído el Libro Grande". Me dijo: "Lo sé".

Y continué: "Para ser honesta, no he leído el folleto. No me he sentido tan bien como para poder leerlo". Me dijo: "Ya lo sé. No esperamos que sepas demasiado", pero agregó: "Me preguntaste cómo podrías mantenerte sobria hasta el próximo viernes. Ahora te lo diré. La respuesta está en ese Libro Grande que no has leído. En alguna parte de ese libro dice que, cuando todas las demás medidas fallen, trabajar con otro alcohólico te salvará el pellejo. Ahora te explicaré qué debes hacer de una manera muy sencilla: tomas esta canasta de cartas y mañana por la mañana comienzas a tocar el timbre de cada casa, y cuando la muchacha abra la puerta, le dices: '¿Escribiste una carta pidiendo ayuda por un problema con la bebida?'. Y cuando ella responda que sí, le dices: 'Bueno, yo escribí una carta como la tuya la semana pasada y me respondieron. Fui con ellos y los observé. No descubrí cómo lo están logrando, pero lo logran, y se ven muy bien. Así que si deseas dejar de beber tanto como yo, ven conmigo y lo averiguaremos juntas'".

"Bueno, la verdad es que creo que puedo hacerlo", le respondí. Así que tomé las cartas y me fui a casa. A la mañana siguiente, cuando estaba preparándome para subirme al auto y comenzar a hacer las visitas, llegó mi hermano Tex. Me dijo: "Voy contigo para divertirme". Bueno, no fue divertido. Hicimos todas las llamadas y, de los cincuenta casos, logramos convocar a unas diez mujeres, quizá más. Algunas cartas habían sido enviadas por caseras que no querían que los hombres que vivían en el piso de arriba hicieran tanto ruido los sábados por la noche cuando se embriagaban, y otras cartas eran de esposas, que las habían escrito por sus esposos alcohólicos, y en estos casos, Tex fue de gran ayuda. Y algunas de esas cartas, bueno, algunas, eran de mujeres que necesitaban ayuda.

Logramos llevar a varias mujeres y unos pocos hombres. La reunión creció, quiero decir, los miembros de verdad se multiplicaron. Pero permitan que les cuente cómo se dieron las cosas. Frank me había dicho: "Te pondré a cargo de las mujeres". Bueno, para mí esto fue como un cartel de neón que se encendía y se apagaba diciendo: "carga, carga, carga". Y sentía que podía ser algo muy importante, porque Frank y Mort me dieron un anotador y me dijeron: "Ahora escribe los nombres de todas las mujeres y luego consígueles alguien que las apadrine. Y haz que esta persona te informe todo a ti. Luego, cuando mires tu anotador, sabrás a quién visitaste y tendrás el informe sobre esa alcohólica. Es un buen sistema". Y realmente tomé mi tarea en serio, iba al grupo madre (ahora teníamos doscientas, trescientas, quizás cuatrocientas personas, habíamos obtenido incluso un micrófono) y, mientras las cuarenta o cincuenta mujeres llegaban y tomaban asiento, yo pensaba: "Ahí está Eva. Ella visitó a Bonnie, quien luego visitó a tal y tal, y también está Fran, y luego...". Y todo cuadraba perfecto. Luego le decía a Frank y a Mort que todo funcionaba bien y ellos respondían: "Excelente. Estás haciendo un gran trabajo".

Pero una noche, cuando fui al grupo madre, una muchacha se acercó por el pasillo, y venía con seis extrañas que no habían tenido mi autorización. Me acerqué y le pregunté de dónde había traído a esas mujeres: "¿Sabes que me dirán Frank y Mort sobre el sistema cuando se enteren?". Y ella me dijo: "¡Al diablo con el sistema! Tengo amigas que tienen problemas con la bebida igual que yo, y se enteraron que estaba logrando mantenerme sobria. Me preguntaron cómo lo hacía y les dije que se unieran a AA. Me dijeron: '¿Puedo ir contigo?'. Y les dije que sí". Y agregó: "Es tan simple como eso. Y cuando alguien quiera venir a una reunión de AA conmigo por sus problemas con la bebida, esto es lo que va a suceder, y nunca te voy a informar de nuevo".

Cuando la escuché hablarme así, mis ojos se llenaron de lágrimas y salí de ahí tan rápido como pude. Hubiese querido correr hacia Huntington Park a contarle todo a mi hermano Tex. Pero él no estaba ahí, ¿y quieres saber por qué? Había sido excomulgado por haber comenzado un nuevo grupo. Los que estaban al mando, los muchachos del centro, llamaron a Tex al banquillo y le ordenaron: "Tex, cierra el grupo. ¿Dónde quedó tu lealtad al grupo de origen?". Él respondió: "Soy fiel al grupo de origen. Simplemente me cansé de recoger a los muchachos en Long Beach y de conducir 35 millas hasta Los Ángeles, así que comencé un grupo y nos reunimos a mitad de camino. Algunos de mis muchachos están aquí hoy. Vengan a nuestro grupo el próximo viernes y podemos visitarnos unos a otros cada semana". Pero ellos dijeron: "No, estás excomulgado", y él se largó a reír a carcajadas.

Casi un mes más tarde lo llamaron. Estaban en una reunión de comité y le preguntaron si había decidido cerrar el grupo, y él respondió: "No, nos va bien. Tengo muchos muchachos en mi reunión esta noche y ustedes serán muy bienvenidos si desean venir. Es una reunión participativa en la que todos los alcohólicos hablan". En el grupo madre tuvimos dos oradores, Frank y Mort, durante dos años. Entonces ellos dijeron: "Sabíamos que dirías eso, así que hemos constituido Alcohólicos Anónimos en California". Y lo hicieron. Los que todavía están ahí pueden decírtelo. Nos tomó un año poder reírnos de eso, hasta que Tex comenzó a visitar al grupo madre y los miembros del grupo madre comenzaron a visitar el "Grupo hoy en el suelo" (así se llamaba, porque se reunían en un sótano).

Tex me aconsejó renunciar a mi trabajo de estar a cargo de las mujeres. Me dijo: "Diles que estás demasiado ocupada ayudando a tu hermano con este grupo y que se consigan su propia secretaria". Y lo hice, pero la verdad, me dolió mucho. Pero fue bueno para mí en ese momento, porque no tenía autoestima. Mi autoestima había sido destrozada durante tantos años, que era saludable sentirse querida, que me necesitaban y que tenía esta pequeña tarea para hacer. Me ayudó en su momento, y también me ayudó dejarlo.

Varios años después, me llamaron y me pidieron que volviera y fuera la secretaria de la Oficina Central de Alcohólicos Anónimos en Los Ángeles, y acepté. Estuve en ese cargo durante 12 años magníficos. Así que, como pueden ver, en AA das vuelta a la página y comienzas de nuevo. Quisiera ser principiante otra vez; esta pizca de antigüedad es pura tontería. Todos somos polluelos, aprendiendo a volar.

SYBIL C.
Los Ángeles, California

TÉCNICAS AVANZADAS PARA EVITAR EL APADRINAMIENTO
Marzo de 1998

Cuando entré al santuario de Alcohólicos Anónimos estaba llena de arrogancia, ira, autocompasión. Y todos estos defectos se disputaban la supremacía. No es de extrañar, entonces, que la mayoría del tiempo me sintiera confundida y combativa.

Cuando cumplí los ocho meses de sobriedad, mi primera madrina me "despidió", porque yo padecía un caso grave de "sí, pero". Me explicó que yo interfería con su serenidad y que si no iba a seguir sus consejos, entonces conocía otra mujer a la que podría brindarle su ayuda. Me dijo que me quería y que esperaba que encontrara a alguien con quien pudiera relacionarme. Lo que yo interpreté fue: "No eres lo suficientemente buena" y "No cumpliste mis expectativas". Así que me propuse contarles a todas las mujeres de mi reunión lo mal que me había tratado.

¿Por qué no se enojaban conmigo? ¿Por qué no estaban de acuerdo conmigo? ¿Por qué se reían?

Siempre he sido capaz de manipular a las personas para que piensen igual que yo. Pero ellas estaban de su lado. ¿Y por qué se ofrecían a ser mis madrinas temporalmente hasta que consiguiera una nueva?

¿No se daban cuenta de que quería que ellas evitaran a esta mujer, la marginaran, la hicieran pagar por haberme humillado?

Tuve otras tres madrinas desde entonces y recién ahora comprendo por qué mi primera madrina tuvo que dejarme. Durante seis años, he sido madrina de varias mujeres, y sé lo frustrante que pueden ser las excusas y los "sí, pero" cuando estás de este lado.

Aquí hay una lista de recomendaciones sobre cómo tratar a tu madrina o padrino si no quieres desarrollar el nivel de confianza necesario para trabajar de manera profunda y liberadora con él o con ella durante el Quinto Paso:

1. Llámalo o llámala después de tomar decisiones importantes en tu vida y cuéntale lo bien que te has arreglado sin ayuda.

2. Intenta no llamarlo o llamarla cuando estás en un arrebato de enojo, porque sabes que te ayudará a reconocer tu parte de la culpa.

3. Dile sólo lo que tú crees que necesita escuchar, omite los detalles que no consideres importantes y distorsiona la historia a tu favor.

4. Evita ir a las mismas reuniones a las que va, y dile que sigues yendo a las reuniones, pero que son al otro lado de la ciudad.

5. Llama a su casa durante el día (aun sabiendo que trabaja en ese horario) y deja un mensaje en su contestadora pidiendo que te devuelva la llamada. De esa manera, será su responsabilidad dar el próximo paso y tendrás más tiempo para resolver tu problema sin ayuda, además de la excusa perfecta del tipo "Te llamé y no estabas".

6. Dale el crédito por todas tus nuevas decisiones y conductas, contándoles a todos que "mi padrino/mi madrina me lo aconsejó", sin importar si lo hizo o no.

7. Filtra las llamadas telefónicas, y responde sólo cuando estés de humor para hablar.

8. Si no te gustan los consejos que te da, consulta a otros miembros de AA hasta que encuentres la respuesta que quieres oír.

9. Recuerda los defectos que ha compartido contigo sobre su carácter, y échaselos en cara cuando te esté ayudando a descubrir tus propios defectos.

Todas estas conductas describen realmente cómo me comporté con mis madrinas durante los últimos seis años. Hoy sé que yo soy la responsable de mi sobriedad, y no mi madrina. Entonces, cuando juego a la evasión, sólo estoy poniendo obstáculos a mi propio crecimiento. Debo tener una participación activa en el proceso de mi recuperación.

Mi nueva madrina ha estado conmigo desde abril del año pasado y, con ella, he pasado por el Paso Cinco dos veces. Gran parte de las charlas durante estos dos Pasos Cinco se ha centrado mayormente en el nivel de expectativa y mi aceptación de mis ahijadas. Si permito que las excusas interfieran en mi trabajo del Paso Doce, entonces vivo la fantasía de que la obstinación es suficiente para lograr una vida sobria y feliz.

Es difícil pedir ayuda, pero es incluso más difícil aceptar esa ayuda y actuar siguiendo los consejos. Mi parte favorita de la Oración de la Serenidad es "valor para cambiar las cosas que puedo cambiar". Se requiere valor para admitir que estoy equivocada, valor para reconocer que mi conducta me causa dolor y miseria, valor para aceptar ayuda, y valor para cambiar los hábitos que cultivé durante 41 años.

Si intento tener valor todos los días, me fortalezco. Y ahora tengo el segundo ingrediente que se necesita para relacionarse con otra persona alcohólica. Cuando comparto mi experiencia, mi fuerza y mi esperanza con otros alcohólicos, me aseguro de contarles que mi primera madrina me "despidió" porque yo tenía demasiado miedo de cambiar.

Ahora busco a mi madrina en las reuniones en las que ella participa y me aseguro de contarle honestamente cómo me siento. Cuando me atrapa la confusión y la obstinación, hago un gran esfuerzo, levanto el teléfono y la llamo. Y trato de seguir sus consejos, incluso si estoy convencida de que no funcionarán. Mi madrina no está a mi lado para recibir todas mis quejas y caprichos. Es alguien a quien respeto por haber alcanzado la sobriedad, y porque ha estado sobria por más años que yo.

Tiene lo que yo busco: coraje.

JACQUI H.
Lago Vista, Tejas

RETORCIDO
Abril de 2010

Hace 22 años, asistí a mi primera reunión de AA estando en rehabilitación. Tenía 15 años. Mi primer padrino falleció, y a los 25 o 26 años, le pedí a Tom S. que fuera mi segundo padrino. Me dijo que no me convenía que él fuera mi padrino porque no quería a nadie, y que la mayoría de las personas buscaban que las adulen y les mientan.

El Libro Grande habla sobre un enredo de la mente extraño y singular. Bien, basándose en eso fue que él aceptó ser mi padrino. Una vez, entré al baño durante una reunión. Tenía la extraña costumbre de jugar a terminar de orinar antes de que el retrete descargara toda el agua. Después de la reunión, le pregunté a Tom si él había hecho eso alguna vez, porque ya teníamos otras cosas raras en común. Comenzó a reír descontroladamente y exclamó: "¡Claro que sí!". Dijo que eso debía estar predestinado y aceptó ser mi padrino.

Cuando salté al Saginaw River en total estado de ebriedad, él fue el único que se hizo cargo de mí; ni siquiera mi familia quiso ocuparse.

Mi padrino es un hombre muy fuerte y cariñoso. Cuando Tom vino a recogerme al hospital, el médico le preguntó cómo podía tratar con gente como yo. Tom le preguntó qué clase de médico era, y le dijo que de seguro no era uno muy bueno, porque los alcohólicos también eran enfermos.

Esa noche nos fuimos del hospital en la motocicleta de Tom. Se comportaba como si fuera normal que yo estuviera vestido con una bata de hospital, ropa interior y pantuflas. Partimos a toda velocidad, a más de 100 millas por hora, y, entre risas, me dijo que nos íbamos a casa. Me llevó a su casa.

Esa fue verdaderamente la ayuda de AA que llegaba a mí a través de mi padrino. Ahora estoy aprendiendo a vivir una vida bastante feliz, y sin alcohol.

JACK B.
Saginaw, Michigan

CÓMO COMPORTARSE
EN UNA FIESTA
Junio de 1960

Ya lo lograste. Han circulado rumores desagradables dando a conocer que te han visto sobrio en varias ocasiones. Todos han notado que estuviste ausente de ciertas actividades sociales en las que otras veces te habrían encontrado haciendo de las tuyas.

Así es, te has comprometido a dejar de beber. Has soltado la botella por días, incluso semanas. Con un gran empujón de AA, estás determinado a mantenerte así.

Y luego llega lo que todos los novatos de AA llaman "la primera gran prueba": te han invitado a un cóctel. Es uno importante, claro, no existen los cócteles sin importancia, y tu esposa y tú decidieron que es uno de esos eventos a los que no pueden faltar.

Después de todo, haberte unido a AA no significa que hayas cortado con todas tus relaciones. Aún eres un miembro activo de la sociedad, aunque no uno con buena reputación.

Sin embargo, comienzas a ponerte nervioso. ¿Cómo vas a enfrentarte a esta situación, teniendo en cuenta que no estás acostumbrado a dejar que los demás sean los que beben? ¿Qué pensarán Ray, Bill y George, cuando te aparezcas ante ellos, erguido y actuando coherentemente? ¿Qué dirá tu anfitrión o anfitriona cuando rechaces un trago? ¿Cómo harás para dar la primicia?

Finalmente llega el momento. Respiras hondo: te enfrentas a la primera gran prueba. Con el corazón inquieto, entras al salón donde tendrá lugar el enfrentamiento. Tu simpática anfitriona te saluda llamándote por tu nombre cuando estás llegando, con una sonrisa que dibujó en su rostro dos horas antes de que comenzara la fiesta y que no se borrará hasta dos horas después de que haya terminado.

"Me alegra tanto que hayas podido venir", miente, extendiendo el dedo meñique y algún otro, mientras, al mismo tiempo, te mueve sutilmente fuera de la escena. "Acércate a la barra y pídele a Herman lo que quieras beber".

¡El momento clave! Lanzas tu declaración, con una voz que planeaba sonar fuerte y confiada, pero resulta ronca como el graznido de un ave: "No, gracias. Ya no bebo, porque verás, estoy...".

Tu anfitriona te regala otra de sus sonrisas congeladas y una mirada vacía. "Qué interesante", balbucea. "Bien, seguramente encontrarás whisky de centeno, bourbon, escocés o vodka. O, si prefieres, tenemos una coctelera llena de martinis recién preparados".

Muy bien. Si fueras un completo idiota, agarrarías a esta anfitriona de lo que sería su solapa (si fuera un hombre con traje) y le explicarías una vez más que no quieres nada de beber. Si eres sólo un poco idiota, das media vuelta y te olvidas de ella tan rápido como ella se da vuelta y se olvida de ti. Marchas como un soldadito hasta la barra, miras a Herman a los ojos, y con un tono que no es extrañamente fuerte, ni tampoco furtivamente apagado, le dices: "Un refresco de jengibre, por favor".

Ahora es cuando recibes la primera de varias pequeñas sorpresas agradables, en su mayoría. Herman no se desmaya, no llama a la policía, ni renuncia indignado a su trabajo o te da un golpe en la cara. Sólo te sirve un refresco de jengibre.

Como sucede en la mayoría de los casos, esta escena se repetirá varias veces durante las siguientes semanas. Pronto aprenderás que la gente no sólo no espera tus explicaciones, sino que tampoco las escuchará. Algunos pocos buenos amigos, especialmente si ellos también tienen un problema, demostrarán interés, pero eso es todo.

Pero volvamos a la fiesta, aunque nadie se haya percatado de nosotros.

...Das un paseo por el salón, mostrándote lo más despreocupado posible, luciendo tu recientemente asumida sobriedad, saludando a unos y otros.

Lo que sigue por lo general es negativo. Ni un alma demuestra el menor interés en el contenido de tu copa, mientras que esté llena. En los cócteles, la gente está más preocupada por el contenido de su propia copa.

Puedes estar disgustado y sentirte insignificante porque ningún viejo amigo anda gritando: "¿Qué pasa contigo? Estás muy tranquilo amigo. ¡A esta hora ya te estarían echando a la calle!". Probablemente podría herir tu orgullo el hecho de que ni siquiera un solo invitado, hombre o mujer, te esté apuntando con su dedo acusador y huesudo, chillando: "¡Miren! Mírenlo a éste. ¡No está bebiendo!".

Te espera otra sorpresa. Este cóctel es distinto a cualquier otra fiesta a la que hayas ido durante tu vida adulta. Es un aburrimiento. No hay ningún tipo listo y perspicaz, como tú, por ejemplo, que se esté metiendo a todos en el bolsillo con comentarios que hagan morir de la risa. Bueno, claro que hay un tonto que está hablando mucho y todos se ríen como locos por cualquier cosa que dice, pero no es tan gracioso como los espectáculos que tú solías dar.

Las chicas tampoco son tan atractivas como solían serlo. Pueden tener el descaro de tratarte con respeto, cuando antes emanaban simpatía, hasta que derramabas el café encima de sus elegantes vestidos de fiesta.

Y si hablamos de los hombres, bueno, los que están en esta fiesta no son exactamente del tipo interesante. De hecho, son tan poco divertidos que ni siquiera te dan ganas de perder el tiempo contando esa historia tan graciosa, que siempre tenía un éxito arrasador, sobre tus épocas de trabajo en la agencia de publicidad Blodgett, Dodgett and Fidget.

Después de una hora o algo así, consideras que ya has saldado tu deuda con este particular sector de la sociedad y emprendes la retirada. Cuando sientes el aire fresco en la cara, te sorprende notar lo bien que huele.

Durante las siguientes semanas, notarás una extraña indiferencia hacia ti y tus problemas cuando visites los lugares a los que solías ir. Los que antes recurrían a ti para el "entretenimiento" de negocios, no se inmutarán si te sientas a beber refresco de jengibre mientras ellos se terminan un trago detrás de otro, siempre y cuando no te vayas antes de pagar la cuenta. Los cantineros que solían tratarte con lástima, comenzarán a tratarte con respeto; de eso puedes estar seguro.

La maldición en la vida de cada miembro de AA es, por supuesto, el anfitrión insistente en extremo. En la actualidad, gracias a la amplia publicidad que se le ha dado a los alcohólicos y al alcoholismo, estos están prácticamente extintos, pero ocasionalmente se encuentra alguno que hace cualquier cosa, excepto obligarte por la fuerza a beber, con tal de demostrar compañerismo.

Hay un miembro de AA que ideó una técnica para tratar con las mujeres que tienen un sentido de la hospitalidad excesivamente desarrollado.

Con tono solemne, les dice: "He cambiado el alcohol por otro placer: el sexo". Y con ese comentario, arremete contra ellas.

"Funciona", declara. "Nunca más me han querido obligar a beber. Pero, me he llevado varias sorpresas...".

ANÓNIMO

SUCEDEN COSAS GRACIOSAS
Diciembre de 1982

Entre lo mucho que había perdido cuando decidí entrar a AA, estaba mi sentido del humor. Ahora, después de 14 meses de haber dejado el alcohol y alrededor de un mes de sobriedad en mi haber, algunas de estas cosas están regresando lentamente.

Por ejemplo, a veces me descubren con una sonrisa en los labios, porque afortunadamente, aprendí a reírme de mí mismo, e incluso encontré motivos para reírme en mis reuniones de AA, aunque al decirlo suene sacrílego.

No es que piense que AA es un asunto gracioso. ¡Lejos de eso! Tomo mi participación en AA muy en serio. Pero, de vez en cuando...

Hace alrededor de un mes, asistí a un congreso de negocios. Estaba en el salón de hospitalidad de un hotel de lujo y los tragos circulaban sin restricciones. Los recuerdos pasados se estaban volviendo un poco insoportables, y una reunión de AA en ese momento de seguro habría sido de gran ayuda.

"Un refresco de jengibre", le susurré al cantinero.

Vi a un tipo en la otra punta de la barra observando la situación. Levantó su copa como para hacer un brindis y dijo: "Tómalo con calma".

Intenté concentrarme en el contenido de su copa y analizar el color a la distancia, buscando indicios de alcohol. Era imposible distinguirlo. "Un día a la vez", le respondí, levantando mi copa para devolverle el brindis.

Sonrió y se acercó hasta mí. "Lo primero, primero", agregó.

"Sólo por la gracia de Dios", contesté y los dos nos echamos a reír como si hubiésemos inventado el mejor chiste de la noche.

Analizamos nuestras solapas para conocer el nombre del otro. Por supuesto, habían escrito nuestros nombres y apellidos completos, y los de las empresas a las que pertenecíamos. Aquí, no éramos anónimos.

"Soy Ed F.", me presenté, siguiendo con la conocida rutina hasta el final.

"Bob M.", respondió.

Nos dimos la mano. Nos fuimos con nuestros refrescos de jengibre a un rincón tranquilo. Y tuvimos una excelente pequeña reunión de AA.

ED F.
Woodcliff Lake, Nueva Jersey

¿QUÉ HAREMOS CON EL VINO?
Agosto de 1964

"Escucha", dijo casi gritando mi anfitriona al irrumpir en mi habitación mientras yo me arreglaba el cabello para los festejos, "¿te advertí sobre el brindis en honor a la reina?".

Dejé el peine y me di vuelta de espaldas al espejo. "No", le respondí con serenidad, "no lo hiciste".

Debíamos estar en la casa de gobierno en exactamente dos horas para la cena. Los cócteles se servirían a las 8:00 en punto y la cena, a las 8:30. El protocolo, la esencia de cualquier colonia de la Corona, exigía puntualidad. Yo debía sentarme a la izquierda del gobernador. Debía dirigirme a él como "Sir", usando su nombre de pila, y a su esposa como

"Lady", llamándola por su apellido. (Yo no debía preguntar por qué: así es como debía ser). Y si por algún terrible desliz de mi inconsciente yanqui llamara al gobernador por su apellido y a su esposa, por su nombre de pila... bueno, después de todo, soy estadounidense. El gobernador sin dudas ya había lidiado con el estadounidense enfadado y el estadounidense desagradable durante su mandato. Ahora iba a enfrentarse al estadounidense despistado. (Lo más lamentable era que seríamos muy afortunados si yo lograba recordar sus nombres). Para todo eso estaba preparada. Pero nada sabía sobre el brindis por la reina.

"Bueno...", dijo mi anfitriona desplomándose sobre la cama, esquivando por poco mi mejor vestido de seda, que estaba preparado especialmente para el evento. "Debes hacerlo. Todos brindaremos en honor a la reina. Es el protocolo".

Tomé mi peine de nuevo. "Cuéntame más", le dije sin alterarme y volví a girar hacia mi propia imagen reflejada en el espejo. Ya había respondido "con serenidad" y "sin alterarme", lo cual casi había agotado mi repertorio de respuestas improvisadas en momentos de pánico creciente. Pero parecía que habían funcionado para apaciguar a mi anfitriona, quien no había visto mi rostro, porque continuó con la explicación del dilema en un tono más calmado.

"Es así: todas las copas de vino estarán dispuestas en tu lugar. La última es la del oporto. Puedes rechazar todo menos el oporto. Se sirve al final de la cena. Cuando Sir nombre de pila se levante y diga: 'Por la reina', debes levantarte y acercar la copa de oporto a tu boca".

Me miré fijamente en el espejo. "Levantarme", murmuré, "acercar la copa de oporto a mi boca".

"Bebe un sorbo, eso es todo. Puedes hacerlo, ¿verdad? ¿Sólo un sorbo?".

Me di vuelta para sonreírle. "No", le respondí con serenidad y sin alterarme, "no puedo".

Se escuchó un suspiro, que pareció el siseo de un globo desinflándose, al mismo momento que colapsaba sobre mi vestido. "¿No puedes?", preguntó con la respiración entrecortada. "Y, ¿qué vas a hacer?".

Enrollé el último mechón de cabello sobre mi cabeza con un enorme rulero. "Ay, mi querida", dije resignada, "ya pensaré en algo. Me he enfrentado a problemas mucho más complicados que este. Y, disculpa, pero estás sentada sobre mi vestido". Con eso, logré que saliera de mi habitación como lo esperaba, pero se fue con la expresión de desesperación de una anfitriona que desearía no haberse comprometido a presentar a una invitada dudosa en la alta sociedad. Volví a mirarme al espejo. Mi reflejo me observaba fijamente, con los ojos redondos. "¿Qué otros problemas mucho más complicados has enfrentado?", me pregunté a mí misma, "¿Y dónde?".

Recordé mi primer viaje fuera del país diez años antes, también a las Indias Occidentales Británicas, y lo extraña que me sentí cuando la azafata del avión, como muestra de hospitalidad, me ofreció ponche de ron, pegando la bandeja a mi nariz. Y recordé cómo le pedí que, en cambio, me sirviera ponche de frutas, y cómo me había recordado que siempre debía buscar un sustituto, para poder participar de los acontecimientos, y no sentirme distinta y aislada. Había descubierto que ese era el gran obstáculo que debían superar los alcohólicos en recuperación durante un viaje: las circunstancias podían conspirar para hacerte sentir marginado de los demás turistas. Esta amenaza para la propia identidad había causado que algunos de mis compañeros de AA decidieran volver a casa antes de lo planeado durante sus esperados viajes, y que otros, en cambio, cayeran en la tentación y dieran un paso en falso. Pero este obstáculo podía sortearse si uno se preparaba de antemano para las sorpresas, en lugar de estar asustado. El placer de viajar consiste en estar abierto a las sorpresas, pero un viajero que es miembro de AA debe combinar esta actitud abierta con la preparación para lidiar con las dificultades.

Recordé esa primera noche en París, cuando el camarero me recomendó la *specialité* y luego preguntó si mademoiselle también deseaba que le recomendaran un vino. Mademoiselle estaba preparada para la pregunta. Le pidió que, en cambio, le recomendara un sustituto común para los franceses, alguna bebida sin alcohol que se sirviera como un discreto acompañamiento de comidas y en cafeterías, cuando el café y la Coca Cola no eran opciones apropiadas. ¿Existía un sustituto francés admisible? *Oui oui.* Era un agua mineral natural con gas llamada

Perrier, un tipo de bebida digestiva, tan popular en los restaurantes y las cafeterías francesas como el vino mismo.

Recordé la primera noche en Roma, cuando aprendí que el agua mineral natural con gas aquí se llamaba "Pellegrino", y que era tan común y aceptable como la Perrier en París. También se me vino a la mente que, durante mi último viaje, había aprendido la palabra griega para decir sidra gasificada (que era mejor que todas las bebidas gaseosas que había probado en los Estados Unidos, y era igual de popular), y así estaba preparada para ir a cualquier fiesta, como el festival del vino en Rodas, sabiendo que tenía un sustituto listo para cuando lo necesitara. Recordé cuando estuve en los bares de Londres, y conocí un nuevo refresco sin alcohol que se ha convertido desde entonces en mi favorito: el agua tónica de limón Bitter Lemon. (Sé que estoy haciendo publicidad, pero no puedo evitarlo).

Me veía en las reuniones de AA luego de estos viajes, repitiendo dos comentarios una y otra vez: "A nadie le importa si no bebes" y "Siempre hay un sustituto típico del lugar donde estás". Bueno, aquí estaba yo metida en una situación en la que, primero, había alguien a quien sí le importaba si yo no bebía y, segundo, no tenía un sustituto. No puedes brindar por la reina con Bitter Lemon. Eso era obvio. "Acercaré el oporto a mi boca y no beberé ni un sorbo", le dije a mi reflejo con ojos saltones en el espejo. Pero siguió mirándome fijamente. "Estarás sentada a la izquierda del gobernador, lo notará. Todos lo notarán. Pensarán que eres comunista, o irrespetuosa, o algo terrible". Me miré duramente y me dije: "No soy nada de eso. Soy la estadounidense alcohólica". El gobernador conocería un nuevo tipo de estadounidense, o quizás no tan nuevo. Por un instante, me pregunté si habría una sucursal de AA en esta isla de las Indias Occidentales. Si tan sólo me hubiese tomado el tiempo para consultar a la Oficina de Servicios Generales antes de aventurarme a tomar unas vacaciones de dos semanas. Si existiera al menos un alcohólico en recuperación a quien pudiera consultarle qué hacer cuando el gobernador se levantara y dijera: "Por la reina". Dudas, dudas, dudas. "¡No me digas que has enfrentado problemas más complicados que este!", me dijo mi reflejo, despidiéndose, cuando ya me alejaba del espejo.

Y entonces recordé ese caluroso día de verano en la estación de trenes, en Roma. Me habían informado incorrectamente el horario de salida del tren hacia Spoleto y llegué justo a tiempo para verlo partir desde el andén. Me dijeron que la única otra opción implicaba hacer un transbordo muy tarde por la noche en la versión italiana de la estación Jamaica del ferrocarril de Long Island. Fue entonces que enloquecí, rompí en llanto y me dirigí al baño de mujeres, donde me encontré con la sorpresa de que había una fila para conseguir toallas, otra para el jabón, y otra más para ingresar a las instalaciones, que incluían un lavabo. Como no sé hablar italiano, todo esto lo descubrí a base de prueba y error. Al final, terminé mirando mi reflejo como siempre, pero, esa vez, con rebeldía y los ojos llenos de lágrimas. "Necesitas una reunión de AA", me había dicho en esa ocasión. Y supe que en verdad la necesitaba, porque estaba deseando un trago.

Así que dejé de llorar y me acerqué a los teléfonos para intentar comunicarme con Spoleto antes de perder los estribos. Allí encontré un estadounidense apoyado contra la pared, esperando para hacer una llamada. Su rostro me resultó conocido. Sabía que lo conocía, pero no podía recordar de dónde. De pronto me acordé. Sin pensarlo demasiado, le dije: "Hola". Su mirada no fue amistosa. "Te conozco de algún lado", continué, sin sonar demasiado convincente.

"¿De veras?", respondió sin entusiasmo y demostrando que no estaba de ánimo para conversar con otra solitaria muchacha estadounidense. "¿De dónde me conoces?".

Eché un vistazo a mi alrededor, nerviosa. ¿Cómo podía decírselo? ¿Y si estaba equivocada? ¿Y si alguien nos escuchaba? Quizá se sentiría avergonzado o furioso... Entonces se me ocurrió una manera perfecta de decirlo en clave. "¿El nombre Lenox Hill significa algo para ti?", le pregunté, haciendo referencia al nombre del grupo del área metropolitana.

Se largó a reír a carcajadas. "Ah, sí te conozco", dijo, ya sin reservas, "tú eres tal y tal". Y así comenzó mi reunión de AA. Pasamos una hora conversando. Me ayudó a cambiar dinero, me compró un sandwich, y me enseñó algunas palabras en italiano para que pudiera hablar con los pasajeros de mi próximo tren y me asegurara de hacer el transbordo correcto. No me había sentido tan protegida y cuidada desde que iba en tren a la escuela y mi mamá me enviaba con el guarda de clase Pullman.

Me recordaba hablando sobre esa extraña y bendita coincidencia, en mi reunión de AA, de regreso a Nueva York. La llamé "Providencia". Uno de esos milagros de AA. Reflexioné y decidí que aquí y ahora en febrero de 1964, en las Indias Occidentales Británicas, podría recurrir a otro milagro. Por ejemplo, si el gobernador simplemente se olvidaba de hacer el brindis por la reina...

Tan pronto me ubiqué en mi lugar a la izquierda del gobernador, percibí que algo estaba mal. La hilera de copas no estaba ahí. Sólo había una copa. ¿Y ahora qué debía hacer? Busqué con la mirada descontrolada a mi anfitriona que estaba del otro lado de la mesa, pero un arreglo floral me obstruía la visión. Sólo podía ver sus ojos y no me decían nada.

El primer plato era pescado. Sirvieron el vino. Dejé que llenaran mi copa. Quizás esta noche usarían esto para el brindis, en lugar de oporto. Después de todo, era un evento pequeño. Luego sirvieron la carne y luego más vino. El mayordomo pasó por encima de mi copa, que aún estaba llena. Lo miré con una sonrisa inmóvil. Un rato después, regresó y se llevó mi copa de vino intacta. Y allí se iba la historia, el brindis y todo.

Pero luego noté que también se habían llevado las copas de todos los demás. Llegó el postre, y luego los cigarrillos. "No puedes fumar", había dicho mi anfitriona, "hasta que ofrezcan los cigarrillos". Bueno, en eso había acertado. Luego siguió el café, sólo una tacita, que no me resultó suficiente, pero al menos era mejor que nada. "Y ahora", pensé, "el oporto". El gobernador tocó mi hombro y le hizo un gesto al mayordomo que estaba parado a mi derecha con un carrito repleto de licores.

Había pasado mucho tiempo desde la última vez que había visto una colección de bebidas de sobremesa, pero sólo con echar un vistazo, noté que no había oporto. Quizás, supuse, brindaríamos por la reina con licores. El gobernador, a quien le sirvieron primero por ser repre-

sentante de la familia real, eligió brandy. Otra vez, esbocé una sonrisa
inmóvil al mayordomo. Él también sonrió. Le señalé el licor de menta.
Me sirvió una de esas pequeñas copas, la dejó en mi lugar, y continuó. Lancé una mirada a mi anfitriona. Pensé que, por supuesto, había
tomado la decisión incorrecta, porque parpadeaba sin poder creerlo.
Esta vez sí pude leer su mirada a través de las flores. Era bastante obvio que pensaba que yo no había soportado la presión y volvería a la
bebida. Intenté guiñarle un ojo para tranquilizarla, y cerró sus ojos con
expresión de dolor. El gobernador bebió su brandy y todos los demás
bebieron sus tragos. Sólo mi pequeña copa verde permaneció intacta.
El gobernador la miró y luego me miró a mí. Mi sonrisa inmóvil ya era
permanente. Si estaban esperando que terminara mi licor para pasar
al oporto, nos quedaríamos ahí sentados hasta el fin de los tiempos.
Pensé en tirarlo entre las flores, en un jarro o debajo de la mesa. Si
tan sólo el mayordomo se lo llevara... Parecía que el gobernador no
podía quitarle los ojos de encima. Sentí que no resistiría otro minuto
y que pronto me acercaría a él, y le diría: "Sir como sea que se llame,
estimado gobernador, lamento infinitamente no estar en condiciones
de beber este trago que parece enjuague bucal adulterado. Pero nunca
me ha gustado, y si alguna vez tengo que beber, no beberé *crème de
menthe*. Con protocolo, o sin él, ni por la reina, ni por nadie".

Pero de repente, el gobernador y su esposa, como si tuvieran una
especie de código secreto, se levantaron al mismo tiempo de la mesa.
La esposa del gobernador condujo a las damas fuera del comedor. Fui
la primera en seguirla, aturdida, sin poder creer que me había salvado
de mi condena. Cuando me tomó del brazo, solté la pregunta que había
estado en mi cabeza todo el tiempo: "¿Y qué sucedió con el brindis?".
Pregunté.

"¿Qué brindis?", dijo con una sonrisa dulce.

"Bueno, usted sabe", tartamudeé, "el brindis por la reina".

La esposa del gobernador rió. "Oh, no nos tomamos la molestia de hacerlo en veladas informales... y cuando la mayoría son estadounidenses".
Me miró amablemente y agregó: "Espero que no esté decepcionada".

Intenté reprimir un repentino ataque de risas. "No", respondí, "sólo sorprendida, eso es todo".

Y esto me lleva de nuevo a mi punto de partida: la única característica inalterable de los viajes es la sorpresa. A la mañana siguiente, cuando me despertó el brillante sol del Caribe, como todos los días, recordé una promesa que le había hecho a los editores de la revista Grapevine sobre escribir un artículo para otros nómadas de nuestra hermandad. ¡Era el día perfecto para comenzarlo! Preparé mi máquina de escribir, puse el papel y, sin pensarlo, tecleé rápidamente el título que habíamos acordado: "¿Qué haremos con el vino?". Lo miré fijamente. Y luego me eché a reír. Pensé en todas mis teorías favoritas y refranes trillados, y en las marcas de las mejores bebidas sustitutas sin alcohol. Pero mi experiencia de la noche anterior me había presentado una nueva perspectiva. A la hora de la verdad, ya sea en casa o estando de viaje, sólo hay una respuesta para esa vieja pregunta: "¿Qué haremos con el vino?". Puede responderse en tres palabras: No lo bebas. Tíralo entre las flores, en un jarro o debajo de la mesa. Pero no, repítelo, no lo bebas. Un hermoso día a la vez.

Así que disfruta del viaje cuando salgas de vacaciones este verano. No dejes que ninguna preocupación innecesaria se interponga con tus maravillosas aventuras. Dale la bienvenida a las sorpresas. *¡Bon Voyage! ¡Arrividerci!* Y, claro,... "¡Por la reina!".

E. M. V.

CAPÍTULO CUATRO

DICIEMBRE DE 1992

CONTRABANDISTAS Y PERROS QUE HABLAN

Los últimos días de alcoholismo antes de recurrir a AA

Una buena historia de borrachos es una de las cosas que nos causan más gracia en AA, y todos tienen una para contar. Como esa historia sobre una visita a un contrabandista descrita en "La historia más triste que se haya contado", o el cuento sobre el perro que reprende a un borracho por su conducta en "La historia del perro que habla". Cuando contamos nuestras historias, la humillación que provoca recordar las cosas que alguna vez hicimos cuando estábamos bebidos disminuye ante las miradas de entendimiento de los otros miembros. A continuación incluimos algunas historias hilarantes sobre la conducta de algunos alcohólicos que finalmente decidieron recurrir a AA.

LA HISTORIA MÁS TRISTE QUE SE HAYA CONTADO

Septiembre de 1959

Uno de los peores errores que podemos cometer los miembros de AA es adquirir fama de "divertidos". El día que se te define así puedes darte por acabado e irte a casa. A partir de ese día, todos esperarán que seas hilarante, aun cuando no tengas nada entretenido que decir. Ser gracioso por imposición es ¡diablos! prácticamente imposible. Y créanme que lo sé. Yo cometí ese error.

Hace unos meses Helen W., miembro del personal de Grapevine, me pidió que escribiera un artículo "entretenido" para la revista. No sabía que a partir de ese momento sería catalogado como un tipo divertido. Todo aporte serio de mi parte sólo halla descrédito y decepción, e inmediatamente es arrojado a la papelera. Si deseo que publiquen algún material mío en Grapevine (nadie más me contrata), debo ser gracioso; no me queda otra opción.

Recientemente, en la Convención de Carolina del Norte, vi a Helen, que nuevamente me pidió que "escribiera algo entretenido a fin de aportar variedad a los artículos habituales". Como aún queda algo del hombre que fui, no puedo decirle que no a una muchacha hermosa, de modo que acepté a pesar de que dudaba de mi capacidad para ser gracioso por encargo.

Cuando volví a casa, recurrí a todos los medios conocidos para ser gracioso; excepto a mi antigua fórmula, lo que nosotros en Virginia llamamos "agua de risitas". No hubo manera. Hacía caras en el espejo, repetía algunos de mis chistes más divertidos y no conseguía reírme. Reproduje algunas de mis charlas en la grabadora y sólo conseguí quedarme dormido. Simplemente no lograba ser gracioso. Pero le había prometido a Helen que le enviaría un artículo y no podía fallar, después de todo, soy un caballero de Virginia (probablemente esa sea la frase más graciosa que surja de este esfuerzo), de modo que haré algo divertido: los enfrentaré y les contaré la historia más triste de mi triste aunque ajetreada vida.

Esta triste historia comienza en la época de la Ley Seca, nada podría ser más tristemente hilarante que la época de la Prohibición. El personaje principal era yo, si bien era un personaje sin principios. En esa época, yo era vendedor viajante, lo que me trae a la mente una historia graciosa que sería perfecta para este encargo, pero... no, debo atenerme a lo que me propuse y ser divertido por mí mismo, sin ayuda extra. Debo ser triste, pero ocurrente.

Uno de mis mejores clientes era un hombre que hacía pedidos de vez en cuando y casi nunca pagaba lo que compraba; excepto ante la amenaza de un juicio del departamento de créditos. Era mi cliente predilecto: siempre tenía una gran provisión de brandy de manzana. La empresa me había dado a entender que yo le dedicaba un tiempo desmesurado en intentar hacerle una venta.

Una mañana lo visité. Luego de pasar el día y confirmar que no quería comprar nada y que no podía pagar lo que había comprado cinco meses antes, me quedé esperando que apareciera la jarra, como de costumbre. Y nada. Ningún vendedor eficiente permite que una visita sea completamente infructuosa, así que le pregunté a Jake por el brandy, sin rodeos. Me dijo que su automóvil tenía un eje roto y que no había podido subir la montaña para ir a buscar unas botellas.

Lo convencí de que eso no representaba un problema grave, ya que yo tenía un automóvil con dos ejes, y salimos rumbo al proveedor. Recorrimos alrededor de seis millas en una carretera asfaltada y luego avanzamos por las montañas. El trayecto consistía en caminos todos cuesta arriba y cada vez en peor estado que el anterior. Al acercarnos a la cima de las montañas, una tormenta se largó y los caminos se convirtieron en arroyos.

Finalmente llegamos y la buena esposa del contrabandista nos informó que su esposo estaba abajo en la destilería. Estábamos empapados hasta los huesos después de haber recorrido veinte yardas cuesta abajo cuando de repente nos vimos detenidos por los cañones de una escopeta que me apuntaban inquietantemente al estómago. Jake me identificó a tiempo y llevamos a cabo las negociaciones.

Dejé a Jake en su patio con dos medios galones y yo seguí mi camino con dos medios para mí. Inmediatamente después de salir del pueblo, escuché los resoplidos de una motocicleta detrás de mí. Sí, era un policía caminero estatal, que me siguió hasta Luray, una distancia de al menos unas veinte millas.

Mi automóvil estaba cubierto de lodo, una clara indicación de que había estado en las montañas. Yo conducía un cupé y no tenía lugar para esconder los botellones sin detener el vehículo, algo que temía hacer.

Al bajar una colina en Luray, el automóvil que iba delante de mí colisionó con otro vehículo que venía de una calle lateral. Tuve que detenerme. El policía local vino en auxilio del patrullero al lugar del accidente. No sabía si quedarme en mi lugar o intentar pasar por algún lado a los automóviles que habían colisionado. Justo había decidido hacer esto último, cuando el agente estatal me preguntó adónde iba. Le contesté que iba para mi casa, pero sugirió que podrían necesitarme como testigo del accidente. Le aseguré que no lo había visto. Me dijo que él lo había visto y que iba detrás de mí. Le dije que había estornudado justo en el momento de producirse el impacto y que por lo tanto, tenía los ojos cerrados. Los dos botellones estaban en el asiento, a la vista, y para mi sorpresa, me dijo que continuara mi camino. No hace falta decir que eso fue exactamente lo que hice.

Aproximadamente unas cien millas más adelante, cuando me acercaba al edificio de tribunales de Fairfax, el ruido de una sirena me aturdió. Era un policía del condado de Fairfax. Me preguntó por qué había adelantado el automóvil en una cuesta. Como sólo había un automóvil a la vista y él iba en la dirección contraria, le dije que tenía que adelantarlo o chocarlo. Mientras tanto, todo el tiempo observaba cautelosamente mi automóvil debido al lodo delator. Le dije que si quería registrar mi automóvil, me llevara a los tribunales, donde podía hacerlo bajo la dirección del Sheriff Blank o el Capitán no sé cuántos de la patrulla motorizada. Me preguntó si conocía a estos estimables caballeros y cuando le aseguré que éramos como uña y carne, examinó mi licencia de conducir y me dejó continuar mi camino, nuevamente.

Sólo quedaban dieciséis millas ahora para llegar tranquilamente a mi hogar, con mi preciada posesión. Conduje con la mayor cautela y finalmente me detuve en el garaje de casa.

Agradecido, bajé del automóvil y saqué la valija, el maletín, la máquina de escribir portátil y los dos fantásticos botellones. Pero como soy un alcohólico perezoso, no pensé en hacer dos viajes a la casa, así que agarré todo con las dos manos y... sí, adivinaste: los dos botellones se estrellaron en el concreto.

Aquí tienes la historia. Ríete, no seas tímido, ríete tranquilo.

T. W. R.
Alejandría, Virginia

APRENDIENDO A CAMINAR
(de Dear Grapevine) Mayo de 2007

L legué a mi departamento garaje, del tamaño de un clóset y con acceso directo desde la calle. Parpadeé y miré fijamente la escalera extensible de aluminio de quince pies, encajada diagonalmente en la minúscula habitación.

¿Eh? pensé, ¡caray! esto se está poniendo feo.

Cuando bebía, se me daba por robar. Como bebía todas las noches, y días, si podía, acumulaba muchas cosas. Lo que no podía vender, me lo quedaba. El departamento garaje de una habitación, estaba atiborrado de bicicletas, ropa de mujer, parrillas y varios neumáticos.

Al llegar a rastras a la casa club donde, alguna que otra vez, asistía a las reuniones, un tipo me dice: "Sabía que estabas bebiendo de nuevo".

"¿Cómo?", le pregunté.

"Estaba sentado en un semáforo en rojo en Northwest Boulevard a eso de las dos de la mañana, y tú pasaste caminando, llevando una escalera extensible", me dijo. "No me pareció que estuvieras trabajando".

La primera página del Capítulo tres, "Más acerca del alcoholismo", incluye una línea que nunca he olvidado: "Somos como hombres que

han perdido las piernas, y nunca logramos tener un par nuevo". Yo
aún intentaba conseguir dos piernas nuevas, es más, hacía años que lo
estaba intentando.

Ahora que llevo algunos años sobrio, soy razonablemente responsable. Últimamente, no me he despertado al lado de una escalera extensible de aluminio.

BILL A.
Iowa City, Iowa

NO ES CULPA DE NADIE SINO MÍA
Noviembre de 2003

Cuarenta y cinco, cincuenta millas por hora. Tres automóviles
de la policía detrás. Luces centellantes. Sirenas ensordecedo-
ras. Este viejo camión que compré para trabajar es perfecto...
para trabajar. Como vehículo de fuga deja mucho que desear. Creo
que iré a prisión. Aun así, mi confusa lógica me dice que si continúo
conduciendo como si no pasara nada, estos agentes de policía quizá
simplemente desistan y me dejen continuar mi alegre camino. (¡Ni por
asomo!). En todo caso, mientras no me detenga, no podrán agarrarme.

Aparentemente, la policía percibe que esta es mi intención. Pronto
mi viejo camión es rodeado por vehículos de la policía, con luces en-
ceguecedoras y sirenas estridentes. Una sacudida, los frenos suenan
estrepitosamente y se escuchan algunos gritos hasta que nos detene-
mos. Estoy por descubrir cuánto los enfurecí. Dos de los seis oficiales
me permiten echar una buena mirada, verdaderamente muy de cerca,
a sus revólveres y me "sugieren firmemente" que salga del vehículo. Les
respondo con la típica mirada de ¿Quién, yo? No lo piden dos veces.
Uno de ellos me agarra del cabello y me saca por la puerta del acompañante. Como soy un sujeto comedido, voy donde va mi cabellera. Ahora briznas de hierba se me meten en los ojos y vuelvo a sentir un sabor
de la infancia hace tiempo olvidado: el sabor a tierra. Tengo la vaga

impresión de que la mano que me presiona la cara contra el suelo es mía. En esta posición y en mi estado alcoholizado, es imposible oponer cualquier tipo de resistencia. Pero, por si acaso, me doblegan... por no decir algo peor. Me sujetan las muñecas con acero frío y me paro nuevamente. Qué estúpido, me olvido de agacharme mientras me ayudan a subir a la parte trasera del patrullero. Siento una punzada en la sien y me colapso en el asiento. La puerta se cierra de un portazo detrás de mí. Sí, definitivamente voy a la prisión.

Aún no lo sé, pero soy un tipo afortunado. En los dos años siguientes, en circunstancias similares, dos borrachos serán baleados a muerte por la policía en este mismo tramo de la carretera. Con esas muertes en mente, miro hacia atrás a mi propia experiencia con cierta frivolidad y una enorme gratitud. La última vez que me emborraché fue el mejor día de mi vida. La gente levanta las cejas cuando digo esto, pero si no hubiera sido por ese espantoso incidente, quizá nunca habría descubierto la satisfacción de estar sobrio que hallé al unirme a Alcohólicos Anónimos. Cueste lo que cueste, dicen. En ese momento de mi vida, la prisión era el lugar donde debía estar. A mi entender, no existe una buena manera de llegar allí.

Esos primeros días en la celda no fueron indicativos de lo que me ocurriría. Miserables, sí, pero reconfortantes, por extraño que parezca. Al menos era libre para regodearme en la amargura y la autocompasión que yo mismo había provocado, convencido de que mi vida ahora era oficialmente despreciable e igualmente convencido de que este mundo grande y vil tenía la culpa de todo.

Tuve la suerte de estar convaleciente durante varias semanas antes de comparecer ante el juez. La fianza estaba fuera de cuestión, así que me remitieron a una correccional. Eso me daba mucho tiempo para elaborar un plan, un plan para sacar mi triste trasero de prisión en el menor tiempo posible, con el menor esfuerzo posible. Había dado suficientes vueltas por los tribunales como para saber que el juez no mostraría simpatía cuando le informara que me veía en este apuro por culpa de otro. Sin duda querría ver algún intento, de mi parte, de rehabilitarme. Tendría que fingir. Eso significaba hacer lo único que había jurado no volver a hacer nunca: asistir a AA.

Unos doce años antes, en virtud de una sentencia, me habían impuesto asistir a AA luego de uno de los tantos altercados con la ley. Descubrí que los miembros de AA eran las personas más asquerosamente felices que había conocido. No quería formar parte de eso. Después de todo, cualquier persona verdaderamente alcohólica sabe que las verdaderas reuniones de AA no son más que un puñado de ex alcohólicos con cara larga que se sientan en círculo y se quejan de que ya no pueden beber. Sólo simulan ser felices para enganchar a imbéciles como yo. Asistí a dos reuniones, de principio a fin, y me fui jurando que nunca volvería. Pero allí estaba, doce años después; las dos aes eran mi único boleto para salir de prisión. ¿Qué otra cosa podía hacer? Fui a AA.

Tenía muchos deseos cuando entré a la reunión, pero dejar de beber no era uno de ellos. No tenía intenciones honestas en lo absoluto. Un hombre aparentemente agradable con ropa de calle se presentó como Murray y me dijo que tomara asiento. El círculo de alrededor de veinte sillas se iba ocupando gradualmente por internos que se veían tan miserables como yo. Recuerdo que pensé, esto es A.A. Murray dio inicio a la reunión y se identificó como un alcohólico. No me pareció como la clase de tipo que alguna vez bebió en su vida, pero ¿quién mentiría acerca de algo tan vergonzoso?

Escuché algunas historias tristes en esa habitación esa tarde, "Mi novia me delató..."; "Mi esposa me metió en prisión buuah..." y ninguno de los narradores asumía la responsabilidad de su propio destino. Lo peor de todo fue que comencé a comprender que si yo decía lo

---

OÍDO EN REUNIONES:

"MI OXÍMORON FAVORITO: ALCOHÓLICO FUNCIONAL"

CAROL K., SARASOTA, FLORIDA, OCTUBRE DE 2010

que pensaba, no sonaría muy diferente. De repente, no quería sonar quejumbroso. Entonces le tocó el turno a Joe de contar su historia. Cuando Joe levantó la mirada del regazo, vi que, aparte de Murray, era la única persona que no parecía sentirse miserable en la habitación. De hecho, sonrió. Quizá era un efecto de la luz, pero se veía (¿me atrevo a decirlo?) radiante. Cuando habló, habló de sí mismo, las cosas malas que había hecho, sus propias faltas; pero todo con una inconfundible chispa de esperanza. ¿Esperanza? ¿En este lugar? Apenas podía creer lo que veía y escuchaba; aun así, allí estaba, de todas las cosas posibles, la esperanza. Comencé a pensar, estoy en una habitación llena de extraños. ¿Qué podría perder por decir unas palabras? Entonces, cuando Murray me preguntó: "¿Greg, quieres contar tu historia?", yo solté mi historia. "Mi nombre es Greg y soy alcohólico". Fueron las primeras palabras honestas que salieron de mi boca en mucho tiempo. Luego añadí: "No entiendo eso de Dios...".

Como suelen hacer los miembros de AA, Murray me indicó la definición de Dios del Libro Grande, que aún recordaba pero no aceptaba, de esas dos reuniones de años atrás. Bobadas, pensé. Sin embargo, luego de la reunión, me fui al dormitorio sin sentir efectos negativos. Teniendo en cuenta que me había vendido en más de un sentido, me sentí mejor de lo que había esperado.

Luego, una noche, unos días antes de la siguiente reunión, estaba sentado en mi litera haciendo lo que mejor sabía hacer: renegar, afligirme, maldecir. Mientras estos pensamientos contraproducentes consumían mi mente, otro interno sintonizó la radio en una estación FM local. Colgó los auriculares en el pilar de la cama y se sentó a jugar a las cartas. El sonido, apenas audible y metálico, de una excelente y vieja canción heavy metal comenzó a sentirse en el dormitorio y penetró mi embotada cabeza. Comencé a cantar en un susurro: "No es culpa de nadie sino mía; no es culpa de nadie sino..." ¡Jo! Me cayó como una tonelada de ironía. No es culpa de nadie sino mía.

¿Alguna vez has estado en una habitación llena de delincuentes, y eres el único que entiende el chiste? Comencé a reírme a carcajadas y daba vueltas en la cama. ¡No es culpa de nadie sino mía! Pensé que era hilarante, pero cuando finalmente me calmé para tomar aire, había veintiún pares de ojos mirándome como si quizá yo estuviera en el tipo de institución equivocada. La primera idea sensata que había tenido en años era malinterpretada como locura. Inmediatamente supe que cualquier explicación sería inútil. Mejor que pensaran que estaba loco que abrir la boca y quitarles toda duda. Los dejé a todos dudando de mi cordura.

Yo también me quedé dudando, aunque era demasiado real como para ser efecto de la locura. Tan personal. Tan profundo. ¿Qué era? ¿Una rareza? ¿Casualidad? ¿Coincidencia? Ninguna de las palabras que conocía describía adecuadamente ese momento de lucidez. No fue sino mucho después que me enteré que ese excelente amigo de los miembros de AA, Carl Jung, había estudiado ese tipo de experiencia espiritual en particular y le había dado un nombre: sincronicidad. En definitiva, las coincidencias no existen. No obstante, reconocer la diferencia requiere cierta apertura mental. Por lo tanto, estoy convencido de que si no me hubiera preguntado en voz alta acerca de "eso de Dios", no habría estado receptivo a la respuesta. Esa noche, el Poder Superior, según yo lo entendía, cobró sentido. En mi caso, la deidad me sorprendió exactamente en el momento propicio de mi vida, en un modo que yo estaba dispuesto a entender, y podía hacerlo.

Por extraño que parezca, las cosas comenzaron a mejorar a partir de ese día. Entre otras cosas, mi deseo de beber se transformó en el deseo de no beber. Y por alguna razón que no podía ni siquiera intentar explicar, ya no temí enfrentar los numerosos cargos en mi contra. Cuando finalmente llegó la fecha de la audiencia, parado frente al juez, me declaré culpable de cada uno de los cargos. Le dije al juez, con toda sinceridad, que deseaba cambiar el rumbo de mi vida. Estuvo de acuerdo en que esa era una buena idea y generosamente ordenó cuatro meses más de prisión, lo cual era muy distinto de los dos años que mi abogado había previsto.

Esa sentencia me dio el tiempo necesario para elaborar un plan. No el tipo de plan ulterior que había tramado para salir de prisión, sino más bien un plan para permanecer allí. Encabezando la lista: Alcohólicos Anónimos. Volví a la misma sala de reunión que había rehuido doce años antes y ¡oh, vaya si habían cambiado! Ya no eran el puñado de personas asquerosamente felices que recordaba. Tampoco eran personas quejumbrosas de cara larga. Sólo un lindo grupo de personas, felices de saberse libres y vivas. Ahora que ando sobrio y estoy más contento que unas pascuas, me gusta llamarlos mi grupo base. Me han dado su sabiduría. Me han dado su confianza. Sentir que confían en uno es muy agradable. Trato de difundir el mensaje como me lo comunicaron a mí, manteniendo el contacto con un recluso y asistiendo a reuniones en la penitenciaría de la zona cuando es posible.

Como este es un programa de vida, también decidí brindar servicio activamente en mi comunidad. Luego de muchos años de ser un peligro, un incordio para la sociedad en el mejor de los casos, me siento obligado a hacer algo positivo. Si bien supongo que siempre habrá escépticos, continuaré trabajando en pos de la respetabilidad en mi ciudad. Parecería que los milagros no están reservados a los santos únicamente. Gracias a todos ustedes, alcohólicos anónimos, estoy sobrio y soy libre.

GREG N.
Nipawin, Saskatchewan

PODERES SUPERIORES Y FIGURAS MÁS ESBELTAS
Agosto de 1964

Definitivamente siempre creí en un Poder Superior desde el principio. Mi Poder Superior era la fuerza de voluntad. Pensaba que con fuerza de voluntad conseguiría lo que fuera y hacía alarde de ella como si se tratara de un listón amarillo, con orgullo. En cada situación insignificante, alimentaba cuidadosamente mi imbatible fuerza de voluntad. Por ejemplo, de niña padecía de angina crónica, pero me rehusaba rotundamente a abrir la boca para que el médico pudiera pasarme el hisopo. Años después, invertí esta política de "mantener la boca cerrada" y me rehusaba a cerrarla. Consecuentemente, abría la boca de más, y en los peores momentos, la mayor parte del tiempo. Cuando sólo se abre la boca de más, te queda algo de dignidad o, al menos, un poco de silencio donde refugiarte. Pero cuando además lo haces en los peores momentos, entonces la situación es una de las peores. Mi boca siempre se abría automáticamente cuando una botella pasaba por delante, y la verdad, cuando no tenía mis patas metidas en la boca tenía una botella y viceversa.

Con el paso del tiempo e innumerables botellas, no sólo me convertí en una alcohólica sino también en una persona gorda. Luchaba contra la bebida y contra la gordura, y estaba perdiendo ambas batallas.

Ahora bien, yo sabía que podía hacer una dieta para adelgazar si conjuraba a mi antigua fuerza de voluntad. Había hecho dietas a base de líquidos antes, entonces, me decidí por los líquidos. ¡Qué decepción fue enterarme de que el alcohol contenía calorías! ¡Que mi poder superior, el alcohol, me estaba engordando! Recuerdo el momento en que decidí dejar de comer por completo y tan solo beber para obtener energía. Le pregunté al médico por qué no bajaba de peso si no comía absolutamente nada. Me explicó que primero debía eliminar el agua de mi sistema. (¿De qué agua me estaba hablando?)

Así que comencé mi dieta. Alimentos dietéticos y nada de alcohol. Fueron meses penosos. Seis meses continuados. La fuerza de voluntad prevaleció. Realmente me convertí en una sílfide (un gusano o una larva o un ser imaginario que vive en el aire, o a base de aire, según el querido Webster). Me volví curvilínea, mala y me sentía muy, muy sedienta. También usaba prendas ajustadas, talla trece, y tenía una expresión desagradable.

Cuando la gente me decía: "Creo que eres mejor compañía cuando estás un poco más gordita", creía que era por envidia. Cuando me sugerían que estaba demasiado delgada y que parecía cansada, yo hacía comentarios desagradables. También comencé a investigar sobre los Males de la Bebida y a exponer sobre el tema. Me volví una autoridad en personas con el síndrome de Wernicke-Korsakoff, alimentos saludables, vitaminas y ejercicio. Me las ingeniaba para que mis amigos alcohólicos vieran que los observaba de una manera extraña cuando bebían un cóctel. Nunca dejaba de mencionar su extraña conducta en la última reunión. Me volví la encarnación de la felicidad en los funerales con resaca, nunca dejé de mostrarme alegre y jocosa ante la resaca ajena. Mi expresión favorita era: "En verdad me alegra no beber". Mi presencia en las reuniones pasó a ser tan grata como un escorpión en la cuna del bebé. Llevaba la cuenta detallada de la cantidad que bebía cada uno. No sólo desanimaba los ánimos, la gente huía. Me las ingenié para aguarles la fiesta a muchos bebedores felices, como AA lo hace con los alcohólicos. No hace falta decir que no gané ningún premio de la paz ni el premio Pulitzer por mejorar las relaciones públicas, o a la humanidad, ese año.

Entonces, llegó un día en que la energía eléctrica me falló. De pronto, la fuerza de voluntad se tomó licencia y la autocompasión, el resentimiento, la imaginación y una sed extraordinaria se apoderaron de mí. Seguramente merecía tomar un trago de vez en cuando, en sociedad. Mi fuerza de voluntad funcionaba perfectamente, lo había comprobado. Al estar desintoxicada por tanto tiempo, probablemente no necesitaría beber mucho. Además, debía reparar algunos daños y reconciliarme con mis amigos, ¿no?

¡Ay! mis pequeñas sedientas papilas gustativas volvieron a la vida con el primer trago. No sólo tenía más sed que antes, ¡sino también un terrible apetito! Incluso algunos alimentos que había detestado sabían como la delicia de un chef parisino. El pan blanco era como el pastel de ángel. Cuanto más bebía, más comía. En un abrir y cerrar de ojos, volví a ser la borracha gordita y alegre. Comencé a reírme a carcajadas de nuevo por cualquier cosa, por todo, y la nueva talla trece comenzó a quedarme chica al mismo tiempo.

¡Oh! ¿Dónde estaba mi antigua y confiable fuerza de voluntad? Finalmente, llamé a AA. Ahora cuento con un poder más confiable: el Poder de Dios. Mi antiguo poder superior que era el alcohol ha sido sustituido por Dios, según yo lo entiendo. Hice un muy buen trato.

P.D.: Nuevamente uso talla dieciséis, pero la sobriedad se ajusta a todos los estilos y las tallas, luce bien y les sienta de maravilla a las "damas" alcohólicas. Haz tus compras en las reuniones de AA y encontrarás justo lo que estás buscando dentro del estilo sobrio.

M. U.
Boulder, Colorado

AUTODIAGNÓSTICO: BORRACHA
Octubre de 2007

¡De modo que era una alcohólica! ¿Quién lo hubiera imaginado? Aparentemente, yo era la única que no lo había imaginado. Pero, a pesar de ser la única que se sorprendió, acepté mi nuevo descubrimiento con buena voluntad.

Me involucré en el programa e hice todo lo que los miembros de AA sugirieron durante los siguientes ochenta y nueve días. Me decían: "Ve a las reuniones tal como ibas a beber". Eso hice. Por las noches, aproximadamente al momento de happy hour; después de todo, ya habían pasado las épocas en que disfrutaba en bares desconocidos. En cambio, fui a una reunión. Los fines de semana también eran penosos para mí, así que empecé a asistir a las reuniones de 24 horas esos días. También me dijeron que leyera el Libro Grande, de modo que, diligentemente, recorrí las páginas con un marcador en mano.

Pero, al final de la página 31 vi algo qué me dio qué pensar. El último párrafo de esa página describe claramente un plan simple para realizar el autodiagnóstico, que alienta al dubitativo lector a dirigirse al bar más cercano e intentar beber con control. Desde luego, pensé: ¿qué tal si realmente no fuera alcohólica?

¿Beber con control? ¿Realmente existía algo así? No lo creía posible. Bueno, al menos, no según mi experiencia. Yo bebía con un claro propósito: beber hasta quedar tan beoda como fuera posible. Sin embargo, en mi defensa, y en mis diecisiete años de beber, pelear y desbaratar bares, automóviles y casas, la idea de intentar exhibir cierto dominio nunca cruzó mi mente.

En consecuencia, parecía que había hallado una posibilidad de escapar de la etiqueta de alcohólica. Con un rayo de esperanza, salido directamente de las páginas del Libro Grande, decidí que bebería (con éxito) como ningún borracho lo había hecho: recorrería a duras penas el camino de la moderación.

Tenía un plan, lo cual para mí era una buena señal, ya que ningún borracho auténtico que yo conociera tenía un plan. Mi estrategia era la siguiente: iría a un bar, esperaría y haría sociales durante quince minutos, y luego pediría una cerveza. Bebería a sorbos la cerveza durante los siguientes quince minutos y luego esperaría otros quince minutos para pedir otra. Haría esto hasta llegar a un total de sólo tres cervezas. Luego, haría sociales, sin beber, durante una hora antes de dar por terminada la noche y volver a casa conduciendo, sobria.

Pronto se presentó la ocasión perfecta para poner en práctica mi nuevo método para beber de manera controlada. Fue un viernes por la noche en Detroit, donde yo tenía otro empleo como extremo izquierdo en un equipo recreativo de mujeres que jugaban al hockey sobre hielo. Las muchachas siempre esperaban jugar al principio de los juegos nocturnos del fin de semana, ya que así les quedaba tiempo para socializar después.

Dado que eran mis primeros noventa días de sobriedad y no había jugado antes con este equipo en particular, ninguna sabía acerca de mi viejo hábito de beber. En otras palabras, no sabían acerca de los más de doce años de vomitar, perder el conocimiento y faltar al trabajo muchos días... ahora que lo pienso, realmente era un hábito para nada elegante.

Pero, más allá de mis antiguas travesuras, el hecho de que ignoraran esos acontecimientos sería la base de mi nuevo plan. Esto significaba que ya fuera que lograra interactuar con lucidez o fracasara y me emborrachara miserablemente, nadie lo sabría.

Así que arranqué e inmediatamente me encontré con un inconveniente. Me horroricé al darme cuenta de que la espera entre una cerveza y otra era interminable. Incluso un par de veces me quedé mirando el reloj sin parpadear, sospechando que las manecillas no se movían.

¿Y hacer sociales? ¿Qué era eso? ¿Quién conversa sólo por el hecho de hablar mientras se halla en un bar? Simplemente puse los ojos en blanco y resoplé. Claramente, mis compañeras de equipo estaban perdiendo de vista el objetivo del encuentro en un bar, pero allí estaban ellas, sentadas, riéndose y charlando, sin prestar atención a sus bebidas que se calentaban rápidamente. Estaba tan disgustada que apenas podía concentrarme en lo que estaban diciendo. Aún así, mi primera cerveza desapareció mucho antes de los quince minutos que yo había programado para beberla.

Esa primera que desapareció en un abrir y cerrar de ojos, supongo que fue simplemente porque tenía mucha sed. Es decir, a pesar de que nuestro equipo perdió esa noche, el ritmo del juego había sido terriblemente rápido. Me las arreglé para que me fuera mejor con la segunda cerveza, aunque me pareció que tuve que esperar cuatro horas antes de pedirla.

En resumidas cuentas, mi experimento fue, sorprendentemente, un éxito absoluto, pero tuvo un precio. Llegué a mi automóvil sintiéndome física y mentalmente agotada. El tiempo que pasé tratando de conocer a las chicas del equipo fue inútil, ya que como debía concentrarme tanto en la bebida, no me divertí demasiado y sólo podía recordar vagamente algo de la charla que se desarrollaba a mi alrededor. Estaba exhausta y consternada porque había tirado por la borda 89 días de sobriedad y ni siquiera me había molestado en emborracharme un poquito.

Sin embargo, también sentí una ráfaga de euforia junto con una sensación desconocida de satisfactoria derrota. Me di cuenta de que, si bien había logrado mi objetivo esta vez, con toda probabilidad no pasaría mucho tiempo antes de que volviera a mi antigua manera de beber.

Me di cuenta de que incluso si pudiera sostener este estilo de beber con moderación durante un período, de ninguna forma tendría lo que podrían considerarse hábitos normales en cuanto a la bebida. Es decir, realmente, ¿quién sino un alcohólico programa meticulosamente la bebida que consumirá por la noche?

Mientras conducía a casa, me di por vencida. Allí, en mi automóvil, finalmente pude dar el Primer Paso hacia la recuperación. En mi fuero interno, reconocí que no tenía control sobre el alcohol y que no podía controlar ni mi vida ni la bebida.

La mañana siguiente, volví a mi grupo base. Se rieron alegremente de mi plan y me recibieron nuevamente y me pidieron que me quedara. De eso hace ya casi cuatro años, y ni una sola vez he vuelto a cuestionarme si soy o no una alcohólica.

NICKI J.
Los Ángeles, California

LA HISTORIA DEL PERRO QUE HABLA
Mayo de 1962

Mi esposa, Mary, me dice que las historias de perros que hablan son tontas y están pasadas de moda. Quizá tenga razón. No tienes por qué creer lo que voy a contar. Hoy, para mí (amante de los perros, criador de chihuahuas que han obtenido premios en competencias, tesorero de un próspero banco del condado) esto en realidad nunca ocurrió. Lo prefiero así. Pero una noche de febrero, fría y sin luna, todo parecía indefinido... Entre mi casa y yo había trescientas yardas de calle sin luz. Yo caminaba. Entre mi casa y yo se sintió un leve gruñido. El gruñido provenía del medio de dos puntos redondos de luz verde. Era un gruñido penetrante y podía imaginarme que tenía dientes, grandes dientes blancos abajo y entre los dos puntos redondos de luz verde, que sin duda, eran los ojos de un perro. Un perro grande.

Los dos puntos redondos de luz verde del perro grande se movían cuando yo me movía; cuando intentaba ir hacia la derecha, se movían hacia la derecha, cuando intentaba ir hacia la izquierda, se movían hacia la izquierda. Desistí.

"Vete a casa, perro", le dije en lo que creí un tono firme.

"¡Odio a los borrachos!" La respuesta resonante me sobresaltó.

No tanto porque el perro había hablado, ya que por ese entonces, hacía algunas semanas que había aceptado que algunas cosas inverosímiles intentaran entablar una conversación conmigo. Estaba la copa que no paraba de decirme: "Tembleque", hasta que comenzaba a tomar dobles. Y las numerosas botellas de cerveza en el Bar Emerson que persistían en caerse y decirle al barman: "¡Uy, lo siento!". De modo que el perro no me sobresaltó por haberme hablado. Era el tono. No tenía la delicadeza y la gracia del vaso de whisky ni las botellas de cerveza. Sonaba como un perro demasiado enojado y yo no estaba en condiciones de hacer frente a perros enojados.

"¿Me dejas pasar?", le dije.

"Esta es una opinión puramente personal", manifestó el perro, "pero creo que los borrachos apestan". Concluyó su acusación con un gruñido amenazador cuando di un paso adelante. "Para mí, ustedes los borrachos apestan aun cuando no huelen mal, lo cual no es frecuente. Ustedes beben y piensan como animales, y luego tienen la desfachatez de llamarme perro".

"¿Podrías apartarte de mi camino y dejarme ir a casa?"

"¿Para qué? ¿Para que puedas molestar a la gente porque están sobrios? ¿Por qué no intentas molestarme a mí? Quieres entrar tambaleándote y comenzar a gritarle a tu esposa y los niños sólo porque..."

"No quiero gritarle a nadie", interpuse. "Todo lo que deseo hacer es ir a casa y dormir un poco, e ir a la iglesia en la mañana. Mira, no soy el animal que crees que soy", añadí con petulancia y sin ningún sentido.

"¡A la iglesia!", dijo el perro, "¿Sabes cuál es tu credo? ¡Spiritus frumenti! ¿Sabes cuál es tu iglesia? ¡La Primera Iglesia de San Juan Borrachín! ¿Sabes qué eres? ¡Un alcohólico devoto!" Se burló, riéndose por lo bajo. "Alcohólico devoto".

Di un paso adelante, hice equilibrio sobre un pie, apunté la patada y un aullido me indicó que había acertado. Volví a tirar otra patada al aire, me resbalé y caí sentado sobre el pavimento y me quedé allí sentado gritando: "¡Perro loco! ¡Los perros no hablan! ¿Me escuchas, perro loco? ¡Sólo los perros locos pueden hablar!".

Las manos que me levantaron no eran gentiles. Tenían un estilo profesional en la manera en que sostenían mi brazo derecho doblado hacia atrás, con la palma de la mano en la parte baja de la espalda. Y el cuello se ciñó cuando dedos firmes lo tomaron de la parte de atrás. Me hicieron girar y sabía que había un automóvil en frente de mí, aunque las luces estuvieran apagadas. Creí que podría ser una especie de taxi extravagante debido a la luz blanca y roja giratoria en la parte superior. Entonces el hombre de las manos profesionales dijo: "Ya, deja de gritar y entra en el automóvil". Mantuvo un tono de voz bajo, como el presentador en una sinfonía. La luz blanca y roja titilaba en su placa.

"Me quiero ir a casa", dije.

"Desde luego", dijo la voz en mi hombro. "¿Y dónde está tu casa?"

"Justo ahí; un poco más adelante, sobre esta calle".

"¿De qué calle hablas?". Abrió la puerta del oscuro patrullero. "Sube. Muy bien. Siéntate".

"Calle Frelinghuysen; ¿esta no es la calle Frelinghuysen?".

"Si lo es, está a diez millas de donde estaba esta mañana. Esto es Parkview, propiedad del Doctor Parson. Y al doctor no le agrada que lo despiertes a las dos de la mañana con ese griterío en la entrada de su casa".

En Cloverdale, el Juez de Paz Conley se sentaba en el estrado los domingos a la mañana, inmediatamente después de la iglesia. Lo hacía para desocupar la sección de reclusos alcohólicos y ahorrarle al condado el costo de las cenas de los domingos. El Juez Conley adoptó el tonillo del secretario ausente cuando me leyó desde el estrado.

"Robert Mead, violación del párrafo 7, Sección 1263 del Código Civil, se le acusa de estar alcoholizado y alterar el orden público. ¿Cómo se declara?".

Me quedé mirándolo mudo, ya que estaba convencido de que si intentaba decir algo no lograría articular nada. Temblaba y tenía más sed que un beduino.

El Juez Conley me sostuvo la mirada. Para él, supongo, era, en esencia, la suma de los once borrachos que me habían precedido en ese desfile del domingo a la mañana. Y su mirada no era muda. "No tuvo ningún problema con su bocota chillona en la propiedad del Doctor Parson anoche. ¿Cómo se declara?"

De pie, lo miraba.

"Mire", dijo el juez, "esta es una opinión puramente personal, pero creo que los borrachos apestan. Para mí, ustedes los borrachos apestan aun cuando no huelen mal, lo cual no es frecuente. Ustedes beben y piensan como animales, ¡y luego tienen la desfachatez de esperar que uno imparta justicia con clemencia!".

Eran las palabras del perro pero la voz era la del juez.

Intenté hablar. "La cita no es correcta. Él dijo: 'Tienen la desfachatez de llamarme perro'". Lo dije en un susurro. Algo terrible pasaba con mis cuerdas vocales. Pero me las arreglé para añadir en un tono casi normal: "Sólo deseo ir a casa, con mi familia".

"¿Para qué?" preguntó el Juez Conley. "¿Para que pueda molestar a la gente porque están sobrios? ¿Por qué no intenta molestarme a mí? Quiere entrar tambaleándose y comenzar a gritarle a su esposa y los niños sólo porque..."

"Ahora está diciendo exactamente lo mismo que dijo él", interpuse. "Sólo que el perro dijo: 'desfachatez de llamarme perro' en vez de..."

"Alguacil, ¿qué dice este hombre?" El temperamento explosivo del juez comenzaba a mostrarse.

"Señor, dijo algo acerca de que le llamemos perro. Quizá piensa como se siente. Quizá cree que es un perro".

"Precisamente lo que yo opino", dijo entre dientes el Juez Conley. "Mead, ¿qué tipo de animal es en realidad? Les dijo a los oficiales que tiene esposa e hijos. Les dijo que estaba intentando llegar a su casa, para poder ir a la iglesia esta mañana. ¿Sabe cuál es su credo? ¡Spiritus frumenti! ¿Qué clase de iglesia halla fraternidad espiritual en un hombre de su calibre? ¿QUÉ iglesia? ¿Qué pretende ser? ¡Responda!"

Como dije antes, algo había ocurrido con mis cuerdas vocales. Y mi razonamiento. Quería ladrar, gruñir y bufar. Pero respondí a la orden.

El alguacil, inclinándose para escuchar, me escuchó decir: "¡Soy un alcohólico devoto!". Y luego ladré. No un ladrido fuerte, pero tampoco muy cordial.

Bueno, treinta días pasaron como pasa todo, supongo. Aquí debo mencionar que ya no cuento historias de perros que hablan. Esta es sólo para el camino, como suelen decir.

N. H.
Annapolis, Maryland

CAPÍTULO CINCO

JULIO DE 1973

"¿Y? ¿Qué esperan? ¡Quítenle la borrachera!"

LOS SOSPECHOSOS DE SIEMPRE

Visitas de Paso Doce que no salieron como se esperaba

En "Golpeé la puerta equivocada", un miembro de AA en una llamada de Paso Doce se pregunta por qué el candidato no recuerda haberle pedido al capellán del hospital que llame a AA por él. Sin embargo, el hombre, obviamente un bebedor empedernido, viene a la reunión con el miembro. Resulta que era el hombre equivocado, pero al "hombre equivocado" le gusta lo que escucha y decide darle a AA una oportunidad. En "Apadrinando el bebé", el autor compara la "autoabsorción total" y "la falta completa de agradecimiento" de su hijo recién nacido con algunos comportamientos que ha visto en "bebés" de AA. En este capítulo, los miembros de AA hablan sobre el trabajo inusual del Paso Doce que les ha tocado realizar con el correr de los años.

GOLPEÉ LA PUERTA EQUIVOCADA

Febrero de 1961

En octubre de 1958, algunos de nosotros ayudamos a crear un grupo en el hospital de veteranos de nuestra ciudad y desde entonces, hemos trabajado mucho allí. Hemos recibido mucha ayuda de parte del personal, y en especial, del capellán protestante, un hombre de gran dedicación.

Hace alrededor de tres semanas, el capellán me llamó y me dijo que había un paciente en el séptimo piso del hospital que le había dicho que le gustaría hablar con alguien de Alcohólicos Anónimos sobre la forma en que bebía. El capellán no recordaba el nombre completo del hombre, pero dijo que su apellido era Johnson y que fuera hasta ese piso, y que una vez allí, el encargado de la sala me indicaría quién era. Como en ese momento estaba muy ocupado con otro trabajo de AA y no podía ir yo, llamé a nuestra sede y les pedí que se ocuparan de visitarlo. Generalmente, eso es todo lo que se necesita, y la visita se realiza en tiempo y forma.

Durante la noche de reunión en el hospital de veteranos, que tuvo lugar un par de días después, fui a ver a Johnson y descubrí que se había ido del hospital el día anterior. No pensé mucho más en esto, pero una semana después descubrí que, como consecuencia de un malentendido, no se había realizado la visita desde la sede y nadie se había comunicado con Johnson. Este es un error que puede ocurrir, y simplemente alguien olvidó realizar la visita.

La semana siguiente, mientras hablaba con el capellán en el hospital, le dije que habíamos perdido a este hombre, la forma en que pasó y me disculpé. Entonces, el capellán llamó a la oficina administrativa y me dio el nombre completo y la dirección de Johnson. Como vivía aquí en nuestra ciudad, sentí que existía la posibilidad de que nos visitara.

De regreso en mi oficina, me puse a pensar en Johnson y en que podría estar en algún lugar en ese preciso instante despotricando contra todo el grupo de AA, porque él había pedido ayuda y nosotros no habíamos respondido cuando nos necesitó. Entonces, me subí al auto y me fui a su casa para darle una explicación. Las persianas estaban bajas y el aire acondicionado estaba en su punto máximo de funcionamiento, pero nadie respondió mi llamada a la puerta. Como esta situación nos resulta común a algunos de nosotros, entonces seguí golpeando su puerta. Finalmente, la puerta se abrió y me encontré con un hombre delante de mí, sólo tenía puestos sus pantalones y apenas se podía mantener en pie. Me dijo que pasara y yo le dije quién era, y que había ido de parte de AA en respuesta a la conversación que él había tenido con el capellán. No parecía tener muy claras sus ideas respecto de ese tema, e insistía en que él no recordaba haber hablado con el capellán sobre AA. Hablaba sobre el suicidio, y lloraba, luego se reía y suspiraba, en resumidas cuentas, estaba realmente muy enfermo. Finalmente, dijo que podría intentar estar sobrio y aceptó ir a nuestro grupo conmigo. Lo tuvimos en el club local de AA alrededor de dos horas y en un momento dado, se notó que había sido suficiente. Dijo que se quería ir, entones lo llevé al norte de nuestra ciudad, a un sitio donde trabajaba su novia y allí lo dejé. Le había entregado un folleto sobre "Forma de vida" con mi nombre y número de teléfono. La última imagen que tuve de él, era cuando se alejaba por la calle, con un andar bamboleante y el librito azul que asomaba del bolsillo trasero de sus pantalones.

Al día siguiente, llamé al capellán para contarle lo que había ocurrido con este hombre, pero rápidamente se disculpó porque se había equivocado con los nombres, y el hombre con el que había hablado era Jones, no Johnson. Dijo que conocía a Johnson pero que, tanto él como el médico que lo trataba, pensaban que AA, o cualquier otra persona o institución, perdían el tiempo al tratar de hablar con este sujeto. Supongo que coincidí con lo que dijo y me fui a continuar con mi trabajo.

Rápidamente me pusieron el apodo "Bill, el del hombre equivocado" y todas las personas que conocía se reían mucho. Debo reconocer que era una historia divertida; sin embargo, las cosas no acabaron ahí.

Hace una semana, sonó el teléfono en la sede alrededor de las diez en punto de la mañana: ¡Sí! Era mi amigo Johnson. Quería ayuda. Cuando fuimos a buscarlo, llevaba varias horas sin beber e intentaba juntar las agallas para llamarnos. Parecía que, de verdad, deseaba lo que AA tiene para ofrecer. Lo llevamos a nuestra Casa del Paso Doce donde se quedó cinco días. Dejó la casa esta mañana, sobrio, con los ojos llenos de vida, en búsqueda de trabajo y, por lo visto, literalmente "resucitado de entre los muertos". Había estado borracho constantemente desde 1953 y durante todo ese tiempo, no había trabajado nunca. Sus ojos brillaban esta mañana cuando se fue y parecía un hombre diferente. Sabes cómo es el cambio que ocurre, porque tú mismo lo has vivido.

Ahora bien, si es alcohólico, todos sabemos que podría volver a emborracharse mañana mismo; sin embargo, voy a creer que este Poder Superior del que todos tanto hablamos estuvo trabajando algunas horas extras la semana pasada y que, ya sea que mi muchacho permanezca sobrio o no, estuve ante la presencia de Dios ese día cuando Johnson me abrió la puerta con lágrimas en sus ojos, me tomó del cuello y dijo que quería intentarlo.

B. C.
Oklahoma City, Oklahoma

OCÚPENSE USTEDES
Junio de 1999

Era un domingo por la noche justo antes del comienzo de la reunión de las 7:30, una reunión de debates, a la que asistía en forma periódica. Estaba de pie afuera cuando se detuvo un automóvil y de éste descendió una mujer. Parecía tener entre treinta y cuarenta años, muy bien vestida y con cara de pocos amigos. Fue del lado del acompañante y abrió la puerta del vehículo. Se inclinó, ingresó medio cuerpo, tomó al borracho perdido y lo sacó. Apenas podía caminar. Las únicas palabras que pronunció la mujer fueron: "No lo quiero más. Ocúpense ustedes".

Entonces, fui a la reunión y le pedí a un amigo que me ayudara con el borracho perdido que había quedado fuera. El hombre estaba muy pasado de alcohol, arrastraba las palabras, apestaba a bebida, y estaba sucio y desarreglado. Lo subimos a la camioneta de mi amigo y lo llevamos hasta su casa. Nos sentamos en el cuarto de estar, mientras pensábamos qué diantres hacer con este infeliz. El borracho parecía querer ir a un hospital y que lo ingresaran en el ala para alcohólicos. Con mi amigo coincidimos en que probablemente el hombre había hecho esto muchas veces antes.

Así que partimos para el hospital, que está aproximadamente a una hora de viaje y durante este trayecto, el pobre hombre quería besarnos todo el tiempo. Su aliento era espantoso.

Un borracho pasado de copas no es muy lindo de ver ni de oler. Llegamos al hospital y esperamos un largo tiempo para que lo internaran. Era un hospital del condado en una gran ciudad, y había tanta gente en la sala de espera que creímos que jamás ingresaría. Pero lo hizo. Mientras el médico revisaba su caso, nos dirigimos a la entrada exterior a tomar un poco de aire nocturno fresco. En realidad, era casi la medianoche. Pasaron alrededor de veinte minutos y volvimos a ingresar para averiguar qué iba a hacer el médico con él. No pudimos encontrar al borracho, no estaba en la sala de observaciones y la enfermera desconocía su paradero. Le preguntamos a la gente y un paciente dijo que se había largado por la puerta de salida rápidamente. Nuestro candidato del Paso Doce se había ido, ido, ido, ido. Así que nos dirigimos a casa y paramos a comer algo. Había sido una noche larga, pero la habíamos disfrutado. Terminamos de comer y nos fuimos a dormir alrededor de las tres de la mañana.

Ninguno de nosotros tuvo noticia alguna sobre este borracho ni lo vimos en las reuniones. Me crucé con la mujer que lo había llevado hasta la reunión, y me dijo que este muchacho se había mudado a la costa Este, donde seguía bebiendo. Había sido su novio y se había vuelto al pueblo donde ella había crecido en la costa Este, su familia vivía allí y lo conocía, y por eso tenía noticias de él.

Pasaron alrededor de cinco años. Un día, recibí un mensaje en mi contestadora donde me agradecía por la ayuda que le había brindado esa noche. Este pobre hombre hacía ya dos años que estaba sobrio en AA. Recibí el mensaje en Navidad: ¡qué obsequio!

RON N.
Oakhurst, California

JAMÓN CON IRONÍA:

DOS MIEMBROS DE AA ESTABAN REALIZANDO UNA VISITA DEL PASO DOCE. DURANTE LA REUNIÓN, EL ALCOHÓLICO ACTIVO LE PREGUNTÓ A UNO DE ELLOS CUÁNTO TIEMPO HABÍA SIDO MIEMBRO DE LA HERMANDAD. "DIEZ AÑOS", RESPONDIÓ. ASINTIÓ, Y LUEGO LE HIZO LA PREGUNTA AL SEGUNDO HOMBRE, QUIEN RESPONDIÓ: "CINCO SEMANAS". EL ALCOHÓLICO, CON GESTO DE SUFRIMIENTO, LO MIRÓ FIJO. "¡CINCO SEMANAS!" EXCLAMÓ. "¿¡CÓMO DEMONIOS HICISTE?!"

ANÓNIMO, ENERO DE 1964

APADRINANDO EL BEBÉ

Diciembre de 1962

Una mañana de julio de 1961, mi esposa se despertó temprano porque sentía fuertes dolores abdominales. La llevé rápidamente al hospital donde, de repente, desapareció por un largo pasillo mientras una señora mayor y mandona, con un uniforme almidonado, me pedía que fuera a la sala de espera. Durante dos horas, leí una copia al revés de una vieja revista y mantuve una conversación incoherente con un joven que se paraba con un pie en un radiador y miraba enojado por la ventana. Era mucho más joven que yo, pero esta era su tercera experiencia de este tipo. Yo no podía admitir que era mi primera vez, aunque tenía casi treinta y seis años.

Me estaban comenzando a molestar las fecundas maneras arrogantes del hombre cuando vi a mi esposa, a quien llevaban sobre una camilla, pasar por la puerta abierta de la sala de espera. Estaba acostada boca abajo, una hazaña que hacía muchos meses no podía realizar. La señora mayor y mandona caminaba detrás, y refunfuñó que podía ir a ver a mi esposa en unos minutos, pero la visita tenía que ser necesariamente breve para evitar la contaminación de la sala. Y así fue que, diez minutos más tarde, estaba de pie junto a la cama de mi esposa cuando nos trajeron a nuestro hijo recién nacido, Wayne William, para conocernos.

Y en ese momento, una oleada de miedo me asaltó. Aquí estaba yo, miembro de AA de larga data, soltero empedernido, ocasional ermitaño, y ahora responsable de una criatura que, aparentemente, no podía leer ni escribir y era incapaz de mantenerse por sí sola. Él no podía caminar, hablar, distinguir objetos ni alimentarse solo. Y no era para nada bonito. Su cabeza tenía la forma de una calabaza pequeña, y su mirada parecía de enojo, mientras que su cara estaba toda arrugada. Estaba totalmente seguro de que era un King Kong en miniatura, y además, sin pelo.

La enfermera parloteaba con entusiasmo sobre lo hermoso que era el bebé, pero asumí que sus palabras eran parte de las típicas conversacio-

nes hipócritas de los profesionales del hospital. Después de todo, si no hacían un poco de trabajo para convencer a los padres, uno se podía sentir
dispuesto a dejar a los bebés allí, o a despacharlos al zoológico. Tenía ganas de decir: "Bueno, señora, termine con esto". Sin embargo, no quería
herir los sentimientos de la señora y también percibí que la conversación,
al parecer, le había lavado el cerebro a mi esposa, porque obviamente no
se había dado cuenta de la cabeza con forma de calabaza ni de la cara
arrugada. Después, recordé que probablemente mi esposa jamás había
escuchado hablar de King Kong.

Cinco días más tarde, en un gesto que aún me parece brutal y sádi-
co, el hospital, repentinamente dejó de atender a mi esposa y a Wayne
William y yo me encontré solo con ellos en la entrada principal, prepa-
rándonos con muchos nervios para irnos a casa. A esta altura, la cabeza con forma de calabaza había comenzado a lucir los contornos más
aceptables de un melón, y su cara lucía menos arrugada y no tan eno-
jada. Lo examiné detenidamente y decidí que, en definitiva, era menos
feo que la primera vez que nos habíamos visto. Arranqué el automóvil
y manejé a dos millas por hora.

Durante las dos semanas siguientes, soporté lo insoportable. Gritos
destemplados me hacían saltar de la cama a las dos de la madrugada;
al caminar, pisaba pañales húmedos que habían quedado sobre el suelo. Pasaba la mayor parte de mi tiempo libre haciendo compras, ya que
esta nueva criatura necesitaba una cantidad increíble de equipo para su
mantenimiento. Nos empezaron a llegar muchas facturas, y me sentía
atrapado, desamparado y casi ahogado por las responsabilidades.

Como siempre, la filosofía de AA vino rápidamente a mi rescate con
un programa de acción para el cuidado de niños. La agrupación de AA
me había salvado la vida hacía más de diez años y siempre, de alguna
manera, había sido lo suficientemente flexible (y versátil también) como
para enseñarme salidas a otros problemas de la vida. Me había enseñado
cómo convivir con patrones despóticos. Me había instruido en el arte de
llevarme bien con gente terrible. Incluso, me había mostrado que una de
esas personas terribles con las que yo no me llevaba bien era yo mismo,
y antes de varios meses, el mágico programa de AA había solucionado

esa relación dificultosa. Ahora, ¿qué tenía para enseñarme sobre cómo llevarme bien con este difícil recién llegado, esta fuente de alborotos de medianoche y pañales peligrosos?

En realidad, tenía bastante para enseñarme. Por un lado, como miembro de AA, siempre había denominado a los nuevos miembros con el término tradicional de "bebés". Por otra parte, ya hacía tiempo que me había dado cuenta que los alcohólicos eran personas emocionalmente inmaduras, lo que por deducción significa que en algunos aspectos aún estaban en la cuna. Y por último, siempre he creído que el programa de AA es una guía infalible para triunfar en las relaciones humanas y, principalmente, en las relaciones familiares. ¿Acaso la paternidad no es una forma de padrinazgo? ¿Acaso uno no tiene la tarea de darle a una persona desamparada la mano y ayudarla a ser independiente? Es verdad, el padrinazgo de AA es breve, eventual y relativamente sin complicaciones, mientras que la paternidad es una responsabilidad para toda la vida; sin embargo, ambas actividades tienen como objetivo ayudar a las personas para que éstas sean libres, útiles y se sientan bendecidas. El padrino prudente incluso querrá ver que su "bebé", con el tiempo, lo supere en estos temas.

Bueno, admitiré que al principio Wayne William —mi Ala-bebé anónimo— era poco prometedor. Una lista de algunas de sus características principales muestra lo similar que era Wayne a muchos de quienes van a AA:

AUTOABSORCIÓN TOTAL: parecía ser consciente sólo de él y de sus necesidades urgentes.

INCAPACIDAD PARA ALIMENTARSE SOLO: no podía llevarse la comida ni la bebida a la boca.

FALTA COMPLETA DE AGRADECIMIENTO: recibía lo que quería cuando lo quería sin agradecer nunca.

FALTA DE CONSIDERACIÓN POR LOS DEMÁS: emitía ruidos fuertes aunque el resto estuviera intentando desesperadamente dormir.

FALTA TOTAL DE MODESTIA: mostraba una indiferencia total con respecto a su estado de absoluta desnudez, incluso en presencia de varias visitas femeninas.

MODALES ESPANTOSOS: hacía ruidos mientras lo alimentaban y

eructaba con fuerza una vez que terminaba.

Como padrino de Wayne William, me parecía que estas características eran encantadoras y adorables en los bebés; sin embargo, eran des-
ventajas espantosas en el mundo adulto. Es muy pronto para decirlo,
pero no puedo evitar sentir que es mucho más fácil guiar a un niño hacia
la buena vida que hacerlo con un adulto enfermo cuyo egoísmo y orgullo están profundamente arraigados. Hasta ahora, AA ha sido en gran
parte un programa de rehabilitación con la corrección de actitudes de
la mente y del espíritu que, en primer lugar, nunca deberían haberse
modificado. ¿Acaso sus principios no tendrán un efecto mucho mayor
sobre el tierno niño que nunca ha sido deformado y modificado por la
crueldad, el abandono, el desamor y todas las otras fuerzas del odio? Yo
creo que sí lo tendrán.

Sin embargo, desde el comienzo, empecé a ir en contra de los consejos que recibía de casi todos aquellos que habían "criado" bebés alguna
vez. Algunos me decían que yo no sabía nada sobre "criar" criaturas, pero
casi no escuchaba lo que tenían para decir ya que había visto a algunos
de sus niños convertirse en pequeños malcriados insolentes con serios
problemas emocionales. Y mi mujer y yo no usábamos la palabra "criar",
ya que uno "cría" conejos, pollos y repollos; pero los niños deben estar en
otra categoría. Merecen mucho más que simplemente ser "criados"; merecen ser apadrinados. Y tenía mucha más experiencia en el padrinazgo
que cualquiera de las diversas madres que hacían sonidos reprobatorios
sobre la manera cómo educábamos a Wayne William.

Por ejemplo, los primeros días que estuvo en casa descubrí que paraba
de llorar si lo alimentábamos, si lo mecíamos en su cunita, o lo levantá-
bamos y lo paseábamos por la sala. Pensé que lloraba porque estaba do-
lorido, con hambre, incómodo o asustado. Su llanto era la única manera
que él tenía de comunicarse, entonces establecimos inmediatamente una
política: Si llora, levántalo.

Me asombraba la cantidad de gente que me advertía que estaba "mal-
criando" a nuestro bebé. Algunos hasta sugirieron que la criatura nos ma-
nipulaba, y que se estaba "aprovechando" de nosotros. No escuché con
mucha atención sus consejos ya que a veces el buen padrinazgo de AA

implica ubicarnos en una posición para ser "manipulados" y "usados" por gente sin escrúpulos o errada que no quiere de verdad lo que nuestro programa tiene para ofrecer. Sin embargo, estaba seguro de que un bebé no era inescrupuloso ni estaba errado, y no puede tener realmente ningún conocimiento astuto que le permita "usar" a alguien. Por eso, continuamos levantándolo y después de algunos meses, parece necesitarlo cada vez menos. Ahora, casi nunca llora. La gente comenta que es un bebé muy feliz, pero yo me pregunto si lo sería de haberlo dejado que gritara de miedo en la soledad de una habitación con la puerta cerrada.

Otra de nuestras políticas, o creencias, era que un bebé tiene todos los derechos y privilegios de cualquier ser humano y que debe ser tratado con respeto. En mis años de soltería, me enojaba mucho cuando los padres jóvenes humillaban a sus hijos en público o tendían a desatenderlos. A menudo sospechaba que estos mismos padres habían sido tratados de la misma manera cuando eran pequeños, como había sido mi caso, pero esta era, como mucho, una razón injusta para tratar con la misma crueldad a los hijos propios. El buen padrinazgo debe incluir respeto verdadero por el bebé y buena voluntad para pasar tiempo con éste.

Por eso, apenas lo trajimos a casa, del hospital, comencé a sacar a pasear a Wayne William en su cochecito, a menudo sin mi esposa. Me di cuenta de que otros hombres me miraban de forma extraña y comprendí que en nuestra sociedad generalmente son las mujeres las que sacan a pasear a los bebés. Mientras más lo pensaba, más me daba cuenta de que muchos hombres en realidad pasan muy poco tiempo con sus hijos. Mucho de nuestro padrinazgo de AA carece de la fuerza necesaria, porque aún no hemos aprendido cómo amar a la gente indefensa y a veces desagradable que se nos presenta. Los apadrinamos mecánicamente sin poner, de verdad, mucho de nosotros en esta tarea. El miembro de AA que siente amor verdadero por otros supera esta falencia y brinda un padrinazgo mucho más profundo que cualquier otro posible. Y esto tiene sus consecuencias en el "bebé".

Es un padrinazgo deficiente aquel que no tiene también un efecto maravilloso en el padrino, y puedo decir con honestidad que apadrinar al bebé me ha hecho mejor que cualquier otra experiencia anterior. Al convertirme en padre, he comprendido más cabalmente el rol de Dios como Padre de la Humanidad. Me digo a mí mismo que si Dios nos ama tanto como yo amo a mi pequeñito, entonces todo va a estar bien con el mundo. Y he notado que ha disminuido la preocupación que tenía por mi persona, siento una mayor satisfacción personal y un entendimiento más profundo del mundo adulto que me rodea. Incluso me he acercado un poco más a AA que, por supuesto, hizo que mi padrinazgo de mi bebé fuera posible en primer lugar.

M.D.B.
Michigan

ESCUCHADO DURANTE LA VENTISCA

Septiembre de 1948

E ntre las leyendas de Chicago, se incluye la historia de dos miembros de AA que trabajaban en periódicos matutinos y, por consiguiente, tenían que realizar visitas de Paso Doce temprano en el día.

En esta medianoche en particular, de un invierno hace ya varios años, una ventisca soplaba desde el lago Michigan. Los dos miembros respondían un pedido de auxilio de la periferia de la ciudad. Caminaban por la nieve, luchando con un viento cortante y se preguntaban en voz alta cómo habían terminado en esta cuestión de AA.

Por último, uno dijo: "Tienes razón, es un espanto salir esta madrugada. Pero, ¿recuerdas dónde estábamos esta misma noche un año atrás?"

El otro, que no quería dejar de rezongar, le respondió: "No recuerdo, pero apuesto a que estábamos borrachos por ahí y de lo más tranquilos".

ANÓNIMO
Chicago, Illinois

CONVERSACIONES DE SALÓN
Julio de 1998

Era pasada la medianoche, cuando la señora de edad madura abrió la puerta y nos invitó, a George y a mí, a su salón de recepción bien cuidado. No parecía ser el tipo de persona que acababa de llamar a AA para pedir ayuda. Al principio, pensamos que otra persona de la casa tenía problemas con la botella, sin embargo, resultó que ella era nuestra futura miembro.

George y yo le compartimos un poco sobre nuestras historias, mientras nos escuchaba educadamente y parecía identificarse. No evidenció la hostilidad que siempre encontrábamos y, de hecho, compartió su propia historia con entusiasmo mientras nos servía café en porcelana fina. Su consumo no nos pareció tan terrible. Era bibliotecaria de una escuela; por eso, no esperábamos antecedentes de bebida como en el caso de un estibador o un vendedor. Era momento de anotar otra exitosa visita de Paso Doce, al menos, eso creímos.

Después de una o dos horas, la señora estuvo de acuerdo en que AA era su solución y nos expresó su deseo de asistir a una reunión con nosotros esa noche. Luego dijo, "Tengo una duda. Pertenezco a una iglesia donde el vino es parte de la comunión. Ustedes me dijeron que los miembros de AA no beben nada, entonces me pregunto: ¿Cómo puedo unirme a su grupo y seguir siendo miembro de mi iglesia?"

Era su noche de suerte. George y yo nos habíamos graduado en una universidad jesuita donde habíamos estudiado filosofía y teología que nos prepararon justo para este momento. Nos turnamos para citar a San Agustín, Tomás de Aquino y el Padre Pío, en un intento informado, si bien equivocado, de aliviar la carga moral de esta señora. Se dio cuenta de que podíamos distinguir un salmo de un silogismo y obviamente quedó impresionada. (No se nos ocurrió, ni a George ni a mí, que ningún tipo de experiencia intelectual nos había impedido emborracharnos como cubas).

Era tarde y todos teníamos que ir a trabajar en unas horas, por lo que nos dispusimos a irnos con la firme decisión de continuar con nuestra conversación esa noche. De repente, George, en un momento poco común de lucidez, dijo: "Este es un programa de un día a la vez. ¿Tiene planeado tomar la comunión esta mañana?"

"No", respondió ella. "¡Hace años que no voy a la iglesia!"

Que yo sepa, esta señora todavía no asistió a una reunión de AA. No sé si era alcohólica o simplemente una señora que se sentía muy sola y que estaba algo confundida. Sin embargo, camino a nuestra reunión esa noche, a principios de los años sesenta, George y yo nos divertimos a lo grande a costa nuestra. Habíamos aprendido una lección valiosa: ¡debíamos tomar el programa con seriedad, pero nunca a nosotros mismos!

JIM M.
Escondido, California

LOS MIRLOS AYUDARON A CONVENCER AL CLIENTE
Agosto de 1947

Hace alrededor de cinco años, cuando pensaba que AA podía venderse a personas que no lo querían, viajé aproximadamente 75 millas de ida, y otro tanto de vuelta, para ver a un tipo que estaba confinado en mi antigua universidad donde había pasado nueve semanas y no había aprendido nada sobre alcoholismo ni sobre mí persona como alcohólico. Me aseguraría de que lo mismo no le ocurriera a él, sí, señor. Divulgaría las buenas nuevas de la gran alegría y él volvería a su hogar y no tomaría otro trago por el resto de su vida. Este hombre era muy inteligente: un fantástico contador público certificado que trabajaba para un negocio importante. No había manera de que fallara, me repetía. ¿Qué pasaba si la gasolina o los neumáticos eran racionados? Él tenía que estar sobrio para solucionarlo. Sí, señor, eso es lo que dije y lo que hice. Obviamente, a él le pareció que era fantástico, pero que por supuesto, no se trataba de él; así que pasaron cinco años hasta la tarde en que me llamó y me pidió ayuda.

Esos cinco años no lo habían tratado muy bien y, mientras estaba en el sofá de mi sala de estar, temblando a más no poder, mostraba una imagen bastante lamentable. De inmediato, le pregunté cómo estaba y me dijo: "Bien" y le refuté rápidamente con: "No parece", así que nos pusimos a conversar. Hablamos largo y tendido. (Cualquier persona que lea esto y que no haya visto la película "Días sin huella" puede detenerse aquí y leer algo interesante. Debería haberles advertido desde un principio). Mientras hablábamos, escuché un leve crujido en mi chimenea al cual no presté atención. Seguimos hablando, me dijo que pensaba que tal vez podría estar perdiendo la razón. Más crujidos en la chimenea. A lo mejor, estaba camino a sufrir delírium trémens, pensó. Estaba muerto del susto, dijo, y fue en ese momento, en que se sintió como un soplido. De la chimenea, salió volando un pájaro negro que empezó a volar en círculos por mi sala de estar. Detrás de él y pisándole los talones, apareció otro. Y detrás de ese, vino otro y otro y otro, hasta que seis de esas aves daban vueltas por la sala como locas.

Echó un vistazo y se congeló por completo, con las manos sobre los ojos para tapar esa escena irreal. De vez en cuando espiaba, pero los pájaros seguían allí. Creo que se preguntó por qué yo me mataba de risa, era claro que nunca había visto la película, y para él, no había nada gracioso en la escena, ni mucho menos. Los atrapé a todos, cuatro en la sala de estar y dos en la despensa. Los atrapé solo y sin ayuda, porque seguía sin poder moverse. "¡Qué cosa para hacerle a un borracho!", dijo. Creo que sigue pensando que lo planeé yo. Uno de los muchachos dijo que él creía que el Hombre de Arriba lo había planeado. De todas formas, parece que ahora tenemos a un hombre aquí abajo en muy buen estado.

J. C. H.
Ferguson, Missouri

¿QUIÉN? ¿YO?

Septiembre de 1949

Dos de nosotros estábamos realizando una visita de Paso Doce. Apretamos el timbre y la puerta se abrió para dar paso a un hombre de aspecto patético que nos miraba detenidamente con ojos rojos e irritados. Estaba muy nervioso, pero parecía muy educado. Dijimos que éramos de AA y nos invitó a pasar. Le caían gotas de sudor aunque era una noche fresca. Calculamos que este muchacho estaba listo para aceptar casi cualquier cosa.

Imagina nuestra sorpresa cuando, apenas nos sentamos en la sala de estar, nuestro anfitrión, avergonzado, dijo: "Por supuesto que saben que yo no llamé a AA para mí". (¡Dios mío!) "Se trata de mi ... esteee ... ¡mi tío!". Joe y yo nos miramos y sólo dijimos: "Claro, claro... su tío".

Entonces, nos sentamos ahí durante dos horas y hablamos sobre el "pobre Tío Louie". En todo ese tiempo, nuestro anfitrión se disculpó tres veces, iba a la parte de atrás de la casa y volvía con olor apestoso a whisky y a café. Pobre "Tío Louie".

Cuando nos íbamos, mi compañero Joe miró a nuestro amigo y dijo que había escuchado una muy buena historia esa tarde.

"Parece que un tipo apareció en la oficina de un siquiatra", contó Joe. "Tenía dos tiras de tocino frito, crujiente, que sobresalían de la parte de abajo de su sombrero. Una de cada lado, como si fueran patillas muy elaboradas. Mientras se sentaba al lado del escritorio del médico, se quitó el sombrero y allí, justo en el medio de su cabeza, había un hermoso huevo frito. El siquiatra fingió no darse cuenta y preguntó: ¿'En qué lo puedo ayudar'? Con lo cual, el hombre con el gran huevo y el tocino dijo: '¡No, doctor, no vine por mí! Vine para hablar sobre mi hermano'".

Luego, Joe y yo dijimos: "Buenas noches".

ANÓNIMO

CAPÍTULO SEIS

FEBRERO DE 1965

"¿Harry, tienes algo más que añadir?

VIVIR Y APRENDER

*Cosas que dice mi padrino y otras lecciones de las
reuniones y de la vida*

"No bebas y ve a las reuniones". "Hazlo simple" (con o sin el "tonto"). "Lo primero, primero". Esos consejos obvios son accesibles para nuevos y viejos miembros de AA, y normalmente se los exponen en las salas de las reuniones. Funcionan muy bien. Sin embargo, siempre hay perlas de sabiduría que no se encuentran ni en la literatura ni en los eslóganes, como "Cuando bebía, tenía miedo de no alcanzar mi potencial. Ahora que estoy sobrio, me preocupa que tal vez lo esté alcanzado", compartido en la historia "Reuniones, reuniones y más reuniones". También está la declaración de un padrino que contó de nuevo en una carta para Grapevine: "Todos me quieren". Cuando le preguntaron cómo podía estar tan seguro, él respondió: "Nadie me dijo que no lo hacen". Acá, algunos miembros de AA comparten los momentos de inspiración e iluminación que los ayudaron a crecer.

¡ES UN MILAGRO!

Septiembre de 2010

"**N**o puedes inventar todo esto". Esta frase figuraba impresa en una tarjeta de negocios con una foto de Snoopy vestido como detective que me entregó recientemente un hombre mayor en mi reunión, al amanecer, y acertadamente expresa la razón por la cual estoy escribiendo esta historia. La verdad es que no importa la historia que imagine, lo increíblemente desarrollados que estén los personajes o los momentos de inteligencia y lucidez que éstos vivan, nada se puede aproximar a la vida real. Resulta que Dios es mejor narrador que yo.

Tenía más de 30 años cuando finalmente decidí hacerme responsable de mi vida. Luego de una horripilante escena, en particular, la noche anterior, mi novio y yo reconocimos que la fiesta se había acabado: era el momento para dejar de beber.

Recuerdo nuestra primera reunión en AA vívidamente. Era un viernes alrededor de las 8:00 de la noche, una hora en que, generalmente, hubiéramos estado haciendo la recorrida por Manhattan, borrachos luego del happy hour y preguntándonos adónde ir después. En cambio, nos encontrábamos caminando por el vecindario de Park Slope, en Brooklyn, mientras tratábamos de vivir esa noche con el menor resentimiento posible. Desde el interior de una iglesia, escuchamos aplausos estruendosos. Mi novio me miró, aliviado al haber encontrado algo que nos rescatara de nuestra aburrida autocompasión y dijo: "Debe ser un concierto gratis. Vayamos a ver". Entonces, pasamos por las puertas e ingresamos a una reunión de aniversario de AA.

No estaba completamente segura de si era alcohólica en ese momento, pero estaba dispuesta a aprender más y con eso era suficiente. La próxima reunión a la que asistí, fui sola.

Mientras caminaba, comencé a hablar con Dios. No en voz alta, sino en mi cabeza. Estaba negociando, preguntando, probando. La experiencia casual de mi primera reunión de AA no me convenció. Necesitaba una señal de algún tipo que me indicara que estaba en el camino correcto si iba a AA. Apenas terminé el pensamiento, vi un billete de un dólar en el suelo. Buen trabajo, Señor, pensé mientras lo levantaba. No está nada mal, pero... tal vez podrías mostrarme algo más, ¿no? Algo más obvio.

En ese momento, escuché el grito de una mujer desde el otro lado de la calle. "¡Es un milagro!", exclamó. ¡Increíble! Muy bien, Dios mío a eso mismo me refería. Por curiosidad, caminé hacia donde estaba la mujer de espaldas. Le toqué el hombro y le pregunté qué quiso decir, ya que parecía estar hablando sola sobre milagros. Me sonrió alegremente. "Es mi cachorro", dijo mientras sostenía una pequeña bola negra de pelos para que yo lo viera. "¡Finalmente lo logró! ¡Esperó para ir al baño afuera!"

"Claro", dije. Creo que debo haberme visto triste o desilusionada porque de repente sus ojos se volvieron tiernos y me puso la mano en el hombro.

"Creo que el lugar que estás buscando está en la esquina del otro lado de la calle". Seguí su mirada y vi una catedral de gran altura, con gente afuera que fumaba.

"Creo que tiene razón", dije. "Y es un milagro", dijo ella. Sonreí y dije: "Eso espero".

Y lo fue.

MOIRA L.
Norwalk, Connecticut

¡LARGA VIDA AL MEQUETREFE!
Noviembre de 2007

Hace poco leí que los alcohólicos que no pueden, o no quieren, dejar de beber deben recibir capacitación en prácticas que disminuyan el daño que pueden causar, como darle las llaves del auto a un amigo antes de beber.

Es una buena idea y me alegraría ser la persona responsable de las llaves del auto de cualquier ser humano que planea emborracharse. Sin embargo, prefiero recomendar evitar los daños, que es lo que nos recomienda el programa AA. Más que reducir los daños, quiero evitarlos y de manera completa, si es posible.

Hace 21 años, luego de realizar un test psicológico de rutina, me enteré de esta cuestión de evitar los daños. El psicólogo me dijo que tenía un nivel muy alto de evitación de daños, un término nuevo para mí. Dijo que yo no era el tipo de muchacho que sería un paracaidista o un corredor de motos, y menos que menos me involucraría en otro tipo de profesiones más riesgosas. El diagnóstico me dejó cabizbajo y sintiéndome poco varonil. En mis fantasías, me veía como John Wayne, atacando una playa en poder del enemigo, o era Gary Cooper tiroteándose con los tipos malos en "A la hora señalada". Ahora bien, era bastante obvio que yo nunca sería parte de esa clase de hombres. Como le dije a un amigo: "Cumplí 60 años sólo para enterarme que soy un mequetrefe".

Mi amigo lo vio de un modo diferente. "Tal vez así es cómo llegaste a cumplir los 60", me dijo.

La verdad es que sus palabras me ofrecieron cierto consuelo. Y me sentí aún más reconfortado cuando pude reflexionar que un fuerte deseo de evitar el daño puede haber contribuido a que me quedara tantos años en AA. Cuando bebía, a veces realizaba acciones temerarias que me hacían estremecer de horror una vez que se me pasaba la borrachera.

Dichas acciones van junto con el consumo; sin embargo, cuando estaba sobrio, siempre demostré ser una persona precavida y prudente. Ni siquiera puedo ver a un paracaidista en caída libre, ni sería un espectador de una carrera de motos, ni qué hablar de ser un participante. (Después de todo, las motos pueden perder el control y desplazarse hacia las vallas donde tú te encuentras).

Por eso, el hecho de estar completamente sobrio también significaba evitar los riesgos terribles que parecían ir junto con el consumo. Un ejemplo: Hace más de 60 años que intenté pegarle a un policía y espero pasar otros 50 años más sin hacerlo.

Ahora tengo 82 y agregué otros 21 años a la sobriedad que tenía cuando supe, por primera vez, que era un mequetrefe que evitaba los daños. Seguiré intentado reducir los daños para todos los que siguen bebiendo, aunque sea riesgoso quitarle las llaves del automóvil a un borracho. Sin embargo, también preguntaría: "¿Por qué arriesgarse a causarse, o causar, daños si se pueden evitar totalmente estando sobrio?"

Afortunadamente, aunque se haya revelado que soy un mequetrefe, aún tengo mis fantasías de ser uno de esos hombres, lo cual es fácil, ya que tengo mi propia copia de "A la hora señalada".

MEL B.
Toledo, Ohio

REUNIONES, REUNIONES Y MÁS REUNIONES
Octubre de 1981

S.H. escribe, desde Hilton Head Island, Carolina del Sur, sobre un huésped en un hotel local que quería asistir a una reunión. Obtuvo el número de AA del tablero de anuncios y llamó para averiguar sobre los horarios y lugares.

Una nueva muchacha trabajaba en el servicio de información y, después de consultar los datos que le habían dado sobre las reuniones de AA, volvió con esta respuesta: "Lo siento, señor. La reunión que usualmente se lleva a cabo en la iglesia presbiteriana ha sido cerrada, pero la que tiene lugar el domingo a la noche en la iglesia episcopal, estará abierta".

Afortunadamente, el visitante había sido miembro de AA durante mucho tiempo para entender y comprender la confusión de la joven, pudo explicarle el tema de las reuniones abiertas y cerradas, y asistió a la reunión esa noche con la graciosa historia de que, según el servicio de información, estaba cerrada.

T. M. de Grand Rapids, Michigan, recopiló sabiduría de las reuniones locales:

"Cuando bebía, tenía miedo porque no alcanzaba mi potencial. Ahora que estoy sobrio, me preocupa que tal vez lo esté alcanzado".

"Una de las razones por las cuales no me gusta hablar sobre lo que hacía cuando me emborrachaba es que no me gusta repetir rumores".

"Lo peor sobre mis problemas es que son míos".

"Agradezco cada vez más las cosas por las cuales solía sentirme orgulloso". "La mejor forma de apreciar AA es la misma forma en que aprecias un vitral: míralo desde adentro".

CAMBIO DE RUMBO
Marzo de 2003

El agua brillaba bajo el sol como un millón de espejos antiguos. Mi amigo Harry y yo pasamos rozando la superficie y nos deleitamos en el rocío del agua salada, con el movimiento de la brisa. Estábamos navegando en el bote Sunfish, de Harry, en el Golfo de California y era la primera vez que estábamos tan lejos de la costa. A pesar de la belleza del momento, empecé a sentir un temor creciente de que el bote se volcara. Después de todo, era una embarcación muy pequeña y la bahía era tan grande como el mar. Éramos simplemente unas manchitas en esa inmensidad. Mientras más pensaba en eso, más me preocupaba. La costa se convirtió en un delgado indicio de una línea. Pregunté, con lo que esperaba fuera un tono despreocupado (aunque Harry me conoce bien): "¿Qué pasaría si perdiésemos el control y nos diéramos vuelta?" Harry me tranquilizó al decir que no había nada por qué preocuparse. Si sentía que estaba perdiendo el control, me mostró simplemente cómo lo dejaría ir. Y en el momento preciso en que lo estaba demostrando, ¡el bote se volcó! El agua tibia nos recibió y nos mecimos allí, riéndonos. Fue una verdadera lección sobre cómo dejar pasar las cosas y darle un vuelco al asunto.

DIANA S.
Tucson, Arizona

LA VIDA EN EL CARRIL RÁPIDO
Mayo de 2009

Aceptación es cuando estás en la cola de la caja de un supermercado para diez o menos artículos, hay una persona adelante que tiene más de diez y eso ya no te molesta.

Si ya no cuentas la cantidad de artículos que está comprando la persona que está adelante, entonces eso es serenidad.

PAUL K.
Beverly, Massachusetts

TODOS ME QUIEREN *(de Dear Grapevine)*
Septiembre de 2006

La carta "Little Measures" (Pequeños pasos) en el apartado de correos de junio de 2006 me hizo reflexionar en algo que mi padrino me ayudó a aprender.

Dijo: "Todos me quieren". Cuando dejé de reírme —lo cual hice tan pronto como me di cuenta de que él no se reía— le pregunté cómo podía hacer esa declaración.

Me contestó: "Nadie me dijo que no me quieren".

Yo era nuevo y esto me pareció algo extravagante, pero se me grabó en la mente. Quería alcanzar el estado en que estaba mi padrino — era feliz, alegre y libre. Me dijo que yo podía tener lo que él tenía si hacía lo que él había hecho para conseguirlo. Entonces, yo también decidí que todos me querían.

La transformación fue increíble. Puesto que todos me querían, trataba mucho mejor, al jefe, los compañeros de trabajo, los empleados administrativos, los cajeros, los conductores de autobús, los compañeros de AA — a cualquier persona que encontrara en mi vida, la trataba con amor. Así fue como noté que me trataban mejor, y sé que eso me hizo sentir mejor.

Ahora tengo la certeza de que todos me quieren, y me baso en que nadie me dijo que no lo hacen.

MARK E.
Lansing, Michigan

LA LECCIÓN DEL DÍA *(de Dear Grapevine)*
Marzo de 2010

Mi Poder Superior a menudo me advierte, con delicadeza y humor, cuando me estoy apartando del buen camino y me habla a través de otras personas.

En el primer día de clases después del Año Nuevo, estaba ocupada con una sesión de clases particulares, después del horario escolar, con un alumno de 13 años. Cuando le pregunté cómo le había ido en su primer día de regreso, se lamentó con tristeza por la rapidez con la que habían pasado las dos semanas de vacaciones. Traté de levantarle el ánimo al explicarle que si dos semanas pasaron volando, las diez semanas hasta las vacaciones de marzo pasarían sin darse cuenta. Mi alumno sonrió en el acto y agregó: "Antes de que nos demos cuenta, las vacaciones de verano estarán aquí".

Sentí que había logrado levantarle el ánimo. Luego, su cara se oscureció y refunfuñó: "¡Diantres, antes de que me dé cuenta, estaré muerto!" Me alegra decir que nos entregamos a una sesión muy agradable de dos horas llenas de aprendizaje y diversión. Y sus palabras me recordaron lo buena que es la vida estando sobria, un día a la vez.

VICTORIA M.
Toronto, Ontario

BREVE Y DULCE *(de Dear Grapevine)*
Diciembre de 2009

El autor de "To Make a Long Story Short" (Para ser breves), ("Dear Grapevine", septiembre de 2009) prefiere historias más bien breves. ¿Crees que esta historia de vida (la mía) sería un ejemplo adecuado?

"Enclenque, torpe e inepto, me arrojaron aterrorizado al tránsito rápido de la calle principal de la vida. Tropecé, farfullé y balbucí para abrirme paso entre los rigores de mi generación, mientras evitaba la mayoría de los retos y reprobaba casi todo el resto. El alcohol y el fenobarbital se convirtieron en mi refugio, en mi santuario y en mi Judas. Ahora, con 46 años de sobriedad en AA, agradecido a la oración y a la Providencia, cultivo mis pensamientos y analizo mis convicciones con cierto grado de satisfacción, me deleito con la atención amorosa de la compañera de mi vida y nuestra tribu de descendientes que nos admiran y armo la de San Quintín, siempre que puedo, con los políticos de mirada furtiva".

RAY C.
Mill Valley, California

LA RANA CON UNA CRISIS DE IDENTIDAD
(de Dear Grapevine) Diciembre de 2008

La imagen de la rana ("Half-Measured", [Medias tintas], agosto de 2008) ilustraba lo que Lowell B., quien alcanzó el estado de sobriedad en 1967, me dijo hace tiempo ya. En las primeras épocas en que estuve sobrio, sufría por algo que hace tiempo olvidé.

Le pregunté a Lowell: "¿Qué haces cuando te ocurren momentos como éste?" Me aconsejó: "¡Resistes!" En tono quejoso, le dije: "¿Y de qué me servirá resistir?" Y él dijo: "Como mínimo, te ayudará a no preocuparte de cosas insignificantes".

En ese momento, pensé que era lo más tonto que jamás había escuchado decir a un hombre adulto y educado, pero ese diálogo me ha acompañado todos los días durante más de 35 años.

Tu imagen me transportó alegremente a aquel día en la oficina de Lowell.

JIM W.
Redington Beach, Florida

POBRE KEN
(de Dear Grapevine) Agosto de 1986

Hace poco, me pidieron que presidiera una reunión de debates al mediodía. Acepté, a pesar de algunos síntomas molestos de resfrío que hubieran justificado el quedarme en la última fila y así lograr que descansaran mis cuerdas vocales. Cuando comencé la conversación, hice referencia a mi estado físico lamentable, como explicación por mis breves comentarios. Hubo una respuesta inmediata: "¡Oh, pobre Ken!". Inspirado en esta inesperada demostración de empatía, levanté mis brazos como el director de una orquesta y les pedí que volvieran a escuchar esas palabras preciadas. Después de mi señal, escuché un tumultuoso "¡Oh, pobre

---

OÍDO EN REUNIONES:

"LOS ALCOHÓLICOS SON LAS ÚNICAS PERSONAS EN EL MUNDO QUE QUIEREN UN PREMIO PULITZER POR PAGAR LA CUENTA CON UN CHEQUE".

ED L., WRIGHTWOOD, CALIFORNIA, NOVIEMBRE DE 2008

Ken!". Nos encantó, tanto a mí como a los participantes. De esta manera, se demostró con qué facilidad nos permitimos sentir autocompasión y la eficacia con que nuestros amigos de AA pueden hacernos reaccionar con buen humor.

K. E.
Rumford, Rhode Island

CAPÍTULO SIETE

NOVIEMBRE DE 1963

"...y no dejó caer el pavo ni derramó la salsa, y todos estaban felices. ¡Fue el mejor Día de Acción de Gracias que tuvimos!"

NOCHES NO TAN SILENCIOSAS

Desastres y aventuras en días festivos, antes y después de estar sobrio

L os días festivos pueden ser momentos de gran alegría, con familia y amigos y buena comida (sin alcohol). Para aquellos que profesan una fe en particular, algunos días festivos tienen un significado importante.

Pero para los miembros de AA que no tienen familia o amigos, estos eventos anuales pueden ser muy difíciles. En "Los antinavidades", un viejo que antes era tan amargado como Scrooge* decide compartir la mañana de Navidad con otras personas que habían considerado ignorarla por completo y se da cuenta de que: "Ahora me parece que sentirse apesadumbrado el 25 de diciembre no tiene más sentido que despertarse cualquier día del año y dar rienda suelta al mal humor deliberadamente". En "Días festivos y de borracheras", un cascarrabias en recuperación escribe sobre el Día de Acción de Gracias: "Hoy decido agradecer estar sobrio y, en general, sereno. En verdad, cada día es un

(*) Personaje de un cuento de Dickens

día festivo si tienes la conciencia espiritual idónea". Las historias de las siguientes páginas nos dicen cómo celebrar y sobrevivir a los días festivos, antes y después de dejar el alcohol.

LOS ANTINAVIDADES
Diciembre de 1963

"A lo que realmente le tengo terror", dijo la recientemente divorciada, "es a la Navidad".

"¿Terror a la Navidad?", preguntó el recientemente sobrio. "¿Qué tal la víspera de Año Nuevo?"

Como esta conversación tuvo lugar en agosto, uno podría preguntarse seriamente si no se trataba de un leve caso de ansiedad sin sentido. Pero para el antinavidad realmente consagrado, el tiempo no es un objeto. Lo sé. Yo solía serlo.

Verdad es que, en general, no comenzaba a despotricar hasta el lunes después del Día de Acción de Gracias, cuando desaparecían las publicidades de pavos y comenzaban a aparecer los Santa Claus por toda la ciudad de Nueva York. Y las coronas navideñas. Y las campanas. Y los árboles. Fuera el amarillo y el marrón, vamos con el rojo y el verde. Y en mi caso, arriba los rebeldes. "Es tan comercial", empezaba. "¡Repugnante y comercial!". Generalmente, había un anuncio, que se escuchaba de fondo, alegremente y con delicadeza, en la radio o la TV: "X cantidad de días de compras hasta Navidad", para respaldar mis palabras. "Escucha eso", decía. "Tan sólo escucha".

Desde luego yo no era el único. Había muchas voces que se alzaban en protesta, y aún las hay. "¡Qué comercial!" comentaban enardecidos a lo largo y a lo ancho del país mientras echaban un vistazo a los catálogos para decidir qué comprar y hojeaban los anuncios publicitarios para decidir qué solicitar, o se dejaban pisotear hasta la insensibilidad en ese alboroto de felicidad gratis para todos que se conoce como las Compras de Navidad.

Quizá haya algunos puristas que se abstengan de todo eso, no pedir ni dar y simplemente dejar pasar el 25 de diciembre. (Me enteré de una dama, no tan purista, que compraba los regalos y los enviaba en julio con una nota escrita con firmeza que decía: "No abrir hasta Navidad" en el envoltorio, para evitar la histeria del día festivo).

Pero la mayoría de los antinavidad no son tan organizados. Mi propia rebelión consistía en arrastrar los pies, realizar las compras demasiado tarde en vez de hacerlo tempranamente, evitando así el peor momento del tumulto, pero también perdiendo las mejores cosas que deseaba comprar. No envolver nada hasta que me hallaba en camino dentro de un taxi (eso, si podía conseguir un taxi) y terminar utilizando algún papel arrugado y, un poco de cinta. Quejarme con algunos miembros de la familia sobre tener que soportar a otros miembros de la familia. Llegar tarde a la cena de Navidad, demorarme en abrir los regalos y temer el momento en que los otros abrirían los regalos que yo les había comprado al azar. (Sin embargo, una vez cuando era niño, había hecho los regalos a mano, los había envuelto delicadamente y me había quedado despierto toda la noche. ¿Qué había ocurrido que ahora todo parecía tan difícil de soportar?).

No podía atribuirlo todo a mis días de alcoholismo, si bien el último día festivo antes de recurrir a AA, por cierto, fue la Navidad más gris de todas. Me temblaban las manos así que no podía abrir el montón de obsequios que eran para mí, y la cena de Navidad fue un suplicio interminable. El año siguiente, era uno de los nuevos en AA, y recuerdo haber escuchado que los días festivos eran momentos muy difíciles para nosotros, lo cual quizá sea cierto al principio, ya que están cargados de viejas asociaciones, obligaciones y quizá, una nueva sensación

---

SIN SABER QUÉ MÁS HACER:

P: "¿POR QUÉ NO ENCENDEMOS TODAS LAS LUCES DE JANUCÁ DE UNA VEZ EL PRIMER DÍA?"

R: "¡EL MILAGRO OCURRIÓ UN DÍA A LA VEZ!"

JERRY C., DICIEMBRE DE 2010

de soledad. De modo que me preparé para el "momento difícil", me anticipé y me armé con todos los refuerzos de AA, números de teléfono y consignas, lo cual estuvo perfecto entonces, y fue una buena idea. Pero el espíritu militante persistió en los años intermedios.

Y luego, de repente, todo cambió. La familia, que parecía inamovible como la roca de Manhattan se dispersó en apenas un año. Una rama de la familia se fue a Hawaií, otra a Vermont y una tercera simplemente decidió salir de la ciudad para la fecha del día festivo. La Navidad pasó a ser un espacio en blanco, sólo otras 24 horas en las que podía hacer lo que quisiera. Ir a lo de los amigos, no ir a lo de los amigos, ir a la iglesia, ir al cine: dependía de mí. Comencé a suspirar aliviado, pero curiosamente se convirtió en un suspiro carente de emoción, y luego comencé a actuar de un modo muy peculiar. No era algo planeado ni meditado ni deliberado. Era el instinto, el impulso, la espontaneidad restablecidos; un motor que había estado aletargado desde la infancia que volvía a funcionar, con dificultad en un principio, resopló una o dos veces y finalmente arrancó. Un zumbido llenó el espacio silencioso.

La primera señal tuvo lugar alrededor de dos semanas antes de Navidad. Estaba sentado en mi departamento con un amigo de AA y le dije: "Oye, no he tenido un árbol de Navidad durante años. Vamos a comprar uno". Salimos de prisa y escogimos y regateamos con la "gente de los árboles" que los venden en la acera, y luego escogimos y regateamos un poco más con respecto a algunos adornos, si la presencia de nieve sería mejor, si sería más divertido con luces. Quizá esa sea la palabra clave: divertido. Quizá haya sido por diversión ese árbol. De cualquier manera, llevamos los artículos escogidos al departamento e invitamos a algunos vecinos y luego a otro amigo de AA. Pronto el lugar se llenó de personas que opinaban primero que la estrella en la punta era aburrida y luego opinaban que no.

Una vez que el árbol quedó armado en toda su gloria, surgió otra idea. Tenía dos amigos de AA cuya reserva acerca del día festivo estaba tan comprobada como la mía, los recalcitrantes antinavidad de la vieja escuela. Una tenía que afrontar un asunto familiar en la tarde; el otro, por una cuestión de convicción y determinación, no tenía nada que hacer. Los llamé a los dos. "Sé que los tres estamos completamente en contra de todo", comencé a decir, "y cuánto odiamos ese fingido sentimentalismo y todo eso, pero tengo un plan. Quizá si sólo nosotros tres hiciéramos algo en Navidad, sería divertido. ¿Qué tal si desayunamos en mi casa? "Perfecto", dijo la del asunto familiar. "Me dará la fuerza para enfrentar el resto". El que no tenía nada que hacer fue más prudente: "Bueno, supongo que está bien si sólo somos nosotros", dijo. Así que estaba decidido.

Dado que todos estábamos manifiestamente en contra de todo, el tema de los regalos ni siquiera se habló. De modo que cuando tuve la siguiente idea, ni siquiera me resistí. "Nunca dije que no lo haría", me decía a mí mismo, y me sumergía en las profundidades de la tienda de variedades, buscando artículos graciosos, extraños, saldos, baratijas que llenarían dos medias de Navidad. Cuando llevé todo a casa, tenía demasiadas cosas para las medias de malla rojas que ofrece la tienda de variedades, pero me acordé de un par de medias largas rojas que alguien me había regalado el año anterior (talla incorrecta, no devueltas), llené ambas piernas, las marqué "para él" y "para ella" y las puse debajo del árbol, riéndome desmesuradamente. Pero en la mañana de Navidad, cuando fui, soñoliento, a la sala para comenzar a hacer el desayuno y vi el árbol, la decoración y las medias, el efecto de todo eso me dejó sorprendido. ¿Y si no se reían? ¿Y si la del asunto familiar sólo se deprimía más? ¿y si el que no tenía nada que hacer se indignaba? En eso, sonó el timbre de la puerta. Era un poco tarde para preocuparme.

Allí estaban: la del asunto familiar, un tanto más adelantada, con un paquete cuadrado que sostenía con las dos manos, obviamente la vocera. "Sé que los tres estamos completamente en contra de todo" comenzó a decir, "pero resulta que estaba en una ferretería y sé que necesitas esto y nunca serías lo suficientemente razonable para ir a comprarlo". Me entregó el paquete con firmeza. "No es algo sentimental", concluyó enérgicamente, "son filtros de café". El que no tenía nada que hacer fue más lacónico. "Aquí tienes", dijo, entregándome una pequeña pintura al óleo de unas flores primaverales de vivos colores, hecha y enmarcada por él mismo. Como es un artista profesional, este era realmente un regalo. Por un momento espantoso, se me llenaron los ojos de lágrimas, pero luego, por suerte, ambos vieron todos los adornos navideños en la sala. Luego de un momento de incredulidad y desconcierto, se echaron a reír. El desayuno fue uno de los eventos sociales altamente exitosos de esa temporada.

Lo que recuperamos los tres ese año (el motor que comenzó a zumbar nuevamente) era, sin duda, ese vilipendiado factor X: el espíritu navideño. No me di cuenta sólo de ese hecho. Otra amiga de AA a quien le describí nuestro raro festejo, me lo explicó: "No fue raro, sólo funcionó porque fue espontáneo. Fue la espontaneidad lo que hizo que funcionara. Nadie estaba obligado a hacer nada. No había ideas preconcebidas. Todos hicieron simplemente lo que les surgió naturalmente".

Si la alegría elude al bullicioso y al entusiasta en tu fiesta habitual, la verdadera alegría ¡ay! también rehúye al malhumorado, al que arrastra los pies, al quejoso y al que se preocupa por todo. Ahora me parece que sentirse apesadumbrado el 25 de diciembre no tiene más sentido que despertarse cualquier día del año y dar rienda suelta al mal humor deliberadamente. La Navidad es tan prometedora como un día de primavera perfecto. Y lo mismo se aplica a la víspera de Año Nuevo, el Día del Trabajador, El cuatro de julio, tu cumpleaños, mi cumpleaños. Nunca sabes cómo será cualquier día hasta que sales a enfrentarlo, pero la manera en que lo haces ciertamente marca la diferencia. Como todos sabemos por experiencia, un cambio de actitud puede producir efectos más radicales que un cambio en las circunstancias externas.

Y por eso, mi querida amiga recientemente divorciada y mi querido amigo recientemente sobrio, si bien sé que los tres estamos completamente en contra de todo, cuando estamos en nuestros mejores momentos (y sí, estos son momentos difíciles para nosotros), aun así, también estamos a favor de disfrutar la vida o no estaríamos aquí, no habríamos escogido esta revista para leer, no sabríamos que existe. El espíritu navideño es tan sólo otra prueba de esa alegría. Así que,

¿para qué resistirse? Desistamos y dejemos ser a Santa Claus.

Al resto de los miembros que arremeten a galope hacia los días festivos, para recibirlos con los brazos abiertos, les digo: "¡Espérenme, este año — yo también voy!".

E. M. V.
Quogue, Nueva York

SÍNDROME DE ABSTINENCIA
Noviembre de 2009

Me habían ofrecido un puesto para enseñar en un prestigioso internado en el Medio Oeste. Me contrataron para enseñar literatura, crítica escrita y oral, oratoria y debate competitivo. Mi esposa y nuestra bebé me acompañaron; ¡estábamos preparados para enfrentar el mundo! Yo fantaseaba con ser nombrado como director del colegio, y aparentemente, no había ningún obstáculo demasiado complicado o relevante que me impidiera alcanzar ese objetivo.

Dedicaba muchas horas a trabajar con los estudiantes luego del horario escolar, preparándolos para las competencias. Instaba a los estudiantes a seleccionar un evento y concentrarse en ese evento hasta que los resultados de las competencias (por ejemplo, quién resultaba ganador), indicaran cierto dominio del evento. Parecía que seríamos una fuerza imparable si continuábamos trabajando arduamente y mejorábamos nuestro desempeño competitivo.

Mi misión como docente comenzó a dar sus frutos. Sin embargo, mi vida familiar comenzó a verse un tanto afectada por los frecuentes dolores de cabeza y las resacas debido al gran consumo de cerveza, vodka y whisky. Cada vez me resultaba más difícil ir al colegio, disimular el olor a alcohol en el aliento y la ropa, y usaba gotas para los ojos para parecer una persona "normal".

Al irse el otoño y llegar el invierno, en mi segundo año en ese colegio, se aproximaba el Día de Acción de Gracias. Yo bebía muchísimo más, y cada vez me resultaba más difícil hacer vida normal. El martes de la semana del Día de Acción de Gracias, mi esposa me llamó del trabajo y me recordó que necesitaba algunos artículos para la cena del tan esperado día, un pavo, algunas verduras para la ensalada, aceitunas y las cosas para hacer el relleno.

Primero, fui a la tienda de licores para comprar un cuarto de galón de vodka y luego gasté el resto del dinero en las compras para la cena. De regreso a casa, sabía que mi esposa no llegaría hasta dentro de una hora aproximadamente, así que abrí la botella de vodka, llené hasta la mitad un vaso de tamaño importante, lo bebí y luego vertí un poco de jugo de piña. Justo cuando terminaba el jugo de piña, escuché abrirse la puerta del frente. ¡Había llegado más temprano!

Presa del pánico, sabía que tenía que esconder la botella de vodka rápidamente o no tendríamos que preocuparnos por el Día de Acción de Gracias. Eché una rápida mirada en la cocina, pero no pude ver de inmediato ningún posible lugar para ocultarla, y de pronto vi el pavo en el fregadero. Sosteniendo la botella de vodka por el cuello con la mano, la introduje a presión en el pavo. Luego abrí el congelador y coloqué el pavo rápidamente en el fondo mientras ella entraba a la cocina.

"Sí, cariño, fui a la tienda... No, no compré alcohol. No sé por qué siempre piensas que estoy bebiendo".

Me miró alrededor de un minuto (inténtalo alguna vez: un minuto es mucho tiempo), dio la vuelta y dijo que iría a recostarse un rato. Estuve dando vueltas en la cocina hasta que se fue a dormir.

Luego, me acosté sigilosamente y me aseguré de darle la espalda. Hasta ahí, todo bien.

Luego de esperar alrededor de una hora en la oscuridad, estaba seguro de que se había dormido. Me levanté sin hacer ruido, fui al baño, me lavé las manos, me cepillé los dientes y apagué la luz para adaptarme nuevamente a la oscuridad. Seguro de que ella dormía en la misma posición en que la había dejado, caminé silenciosamente hasta la cocina y saqué el pavo del congelador con el mayor cuidado posible.

Sin embargo, no pude sacar el vodka. Parecía que el ave se había congelado sobre la botella y si intentaba sacarla haría mucho ruido. De modo que, actuando como el tipo inteligente que pensaba que era, le saqué la tapa y tomé un trago directamente del extremo sur del pavo congelado. ¡Ahhhh! Así se toma el vodka, bien frío. Un trago más y seguro podría dormir perfectamente. Aquí va, ¡salud! En ese momento, la luz de la cocina se encendió. Mi esposa estaba parada en la puerta, mirándome atónita mientras yo "bebía" del pavo del Día de Acción de Gracias.

Se divorció de mí en diciembre. Me llevó cinco años más aceptar lo que en mi fuero interno sabía que era verdad: para mí, la bebida no es una cuestión de elección. Bebo, por ende, soy un alcohólico. Cuando descubrí AA, hallé la verdad fundamental acerca de mí mismo: no tengo control sobre el alcohol. No tengo elección con respecto a la bebida, ni hoy ni nunca. Para mantenerme sobrio, tendría que hacer algo radicalmente diferente. Esa diferencia radical tuvo lugar en 1981, cuando la policía me llevó a un centro de tratamiento.

Han pasado 28 años desde la última vez que bebí, puedo mirar hacia atrás y reírme de la estupidez, llorar por las pérdidas y confiar en que mi Poder Superior me pondrá delante exactamente lo que necesito hacer hoy en día. Tengo amigos, una esposa, más hijos de los que puedo contar y dos gatitos. Vivimos y trabajamos entablando relaciones realmente humanas. Le rogamos a una entidad real que cuida de mí y de los míos de la misma manera en que yo cuido a mis 12 hijas y mi hijo. Y cuento con un grupo de personas como yo, que sonríen cuando llego y comparten conmigo sus historias, su fuerza y su esperanza.

JIM L.
Newton, Kansas

ᴐDÍAS FESTIVOS Y DE BORRACHEᴚAS

Noviembre de 2010

He escuchado decir que entre aquellos que desean dejar de beber, a algunos les resulta especialmente difícil hacerlo en los días festivos. Nunca lo entendí. ¿Qué tenía de difícil dejar de beber el Día de la Marmota, el Día de la Bandera o el Día de San Esteban (llamado también el Día de las cajas)? Pero con toda seriedad, estos días tenían tanta importancia para mí como cualquier día festivo verdadero, como el Día de Acción de Gracias, Navidad y Pascuas. Simplemente eran otro día más en que me sentía obligado a consumir alcohol en grandes cantidades.

Sin embargo, habiendo alcanzado el reino de la realidad gracias a que redescubrí mi Poder Superior (Dios) y que formo parte de AA, ahora puedo, de algún modo, imaginar el horror que mi esposa y mis hijos deben haber experimentado cada nuevo día festivo. Aquí vamos de nuevo o ¿cuánto se emborrachará papá hoy? deben haber pensado. Y justificadamente. Generalmente, empezaba a beber antes, oculto en el garaje (el "cuartel de guerra" donde desarrollaba la estrategia para combatir al mundo: mi enemigo), si bien, habitualmente, era yo quien conducía a la casa de los parientes donde se celebraría la reunión del día festivo.

En retrospectiva, a través de la clara visión de mi sensatez actual, mi esposa siempre conducía de regreso a casa, no por hacerme un favor, sino, con toda probabilidad, para preservar su vida y la de los niños. Imagínate, ¿cómo se le ocurría pensar que yo no podía conducir porque había bebido 12 latas de cerveza y media botella de un licor fuerte? Después de todo, tenía 30 años de experiencia en conducir borracho con una sola multa por conducir bajo los efectos del alcohol, y que no había sido mi culpa; sólo estaba en el sitio equivocado en el momento menos indicado. ¡Qué diablos!, podía conducir borracho mejor de lo que lo hacía la mayoría de las personas estando sobrias. Además, ¡tú también beberías y conducirías si tuvieras mis parientes! Esa era la mentalidad insensata de un hombre cuyo razonamiento cognitivo estaba absolutamente anulado por la enfermedad del alcoholismo.

Todas las veces, esta santa mujer, a quien aún admiro por el coraje de continuar al lado de este hombre patético que ella, en verdad, no merecía, me metía en el automóvil una vez que yo, milagrosamente, lograba acercarme a éste a los tumbos. Perdía el conocimiento durante gran parte del trayecto a casa y a menudo me despertaba a mitad de la noche aún en el automóvil. Probablemente, eso era obra de mi esposa, ya que estoy seguro de que estaba harta de intentar despertarme para que entrara a la casa.

Para la mayoría, los días festivos eran un momento perfecto para reflexionar y agradecer, que culminaba con una celebración de un par de tragos. Desde luego, en mi caso, era al revés. Los días festivos implicaban reflexionar sobre cómo me había arruinado el mundo y cómo ustedes, los normales, gozaban de todos los beneficios. Tan volubles eran mis pensamientos de desdén y odio que el agradecimiento era lo último que sentía. Sentía un virulento fastidio por todo y por todos. Recuerdo claramente que cada año, al acercarse el Día de Acción de Gracias, me deprimía particularmente, sabiendo que pasaría otro año y que, aún sin tener idea de cómo escapar de mi propia esclavitud, tendría que soportar al menos uno más.

Pero por alguna razón, el seis de diciembre de 2006, puse mi voluntad (que para empezar, nunca tuve) al cuidado de Dios y de la fraternidad de AA. Casi de inmediato, comencé a usar las herramientas (algunas de las cuales siempre tuve), que el programa me brindó y descarté la única que usé toda mi vida: la pala.

Ahora, cuando se aproxima el Día de Acción de Gracias, puedo elegir cómo me afectará emocionalmente. Ahora elijo agradecer estar serenamente sobrio y tener otra noción de los días festivos y lo que realmente significan. En verdad, cada día es un día festivo si tu conciencia espiritual está en orden.

MATT S.
Buffalo Grove, Illinois

LA REGLA 62 SALVA EL DÍA

Noviembre de 2001

Mi primer Día de Acción de Gracias sobrio, después de haber estado en AA sólo dos meses, fue un día que mi esposo, mis dos hijos, mi suegra y yo nunca olvidaremos.

Temprano en la mañana comencé a hornear un pavo con la guarnición tradicional y el pastel de calabaza para el postre. Era extraño cocinar una comida importante sin la botella de vino al lado, que me calmara los nervios.

Después de que el pavo estuviera varias horas en el horno, me di cuenta de que algo andaba mal. Salía calor por las bobinas superiores, pero la parte inferior del horno estaba fría.

Pero éramos una familia con recursos. Mi esposo llevó el pavo al departamento de su madre para terminar de cocinarlo mientras yo continuaba con el guisado, los panecillos y el pastel: todo quemado en la parte superior y crudo en la parte inferior.

Cuando finalmente nos sentamos a comer, tarde esa noche, tomábamos bocados de la parte del medio de las porciones. La regla 62 nos salvó el día. Todos estábamos riéndonos del fiasco, pero todos estuvimos de acuerdo en que era el mejor Día de Acción de Gracias que habíamos pasado. Mamá estaba sobria.

ROSE K.
Monroe, Luisiana

UN CORO DESAFINADO
Diciembre de 2010

Bueno gente, sólo quiero compartir con ustedes algo maravilloso que ocurrió mientras mi papá estaba en el hospital.

Cada año, con mi grupo base nos reunimos para cenar la víspera de Navidad. Yo la organizo, básicamente por defecto, alguien debe hacerlo, y decidí que ese alguien fuera yo. Pero ese año había sido muy difícil porque yo estaba en la sala de hospital de mi papá, en Birmingham, Alabama, tratando de organizar esta cena gigantesca para 35 o 40 personas en Cullman, Alabama. Y ustedes, alcohólicos en recuperación, por un día o 40 años, son personas irritables en el mejor de los casos, ya que no les gustan las reglas, la organización ni que les digan qué deben hacer. Digamos que es algo delicado lograr que todos piensen que todo es idea de cada uno.

De cualquier modo, hubo personas maravillosas que ayudaron a decorar, hicieron listas, cocinaron un pavo y un jamón, trajeron toneladas de comida y Dios lo hizo posible. Tuvimos un baile increíble.

Bien, probablemente se estén preguntando, ¿por qué Gloria nos cuenta todo esto? Tiene que ver con mi papá. En general, Alcohólicos Anónimos es anónimo, lo que significa que, normalmente, no revelo que soy una alcohólica en recuperación. No me da vergüenza; agradezco haber encontrado esta forma de vivir, pero el problema es que si alguien me viera beber un día, me gustaría que supiera que yo fracasé y no AA.

Vuelvo a mi historia. La cena estaba programada para la víspera de Navidad. Hacemos esto porque muchos de los recién llegados han "cortado tantos puentes" que un salón de AA es el único lugar que tienen para pasar la Navidad. Es tan importante que tengan un lugar adonde ir, saber que hay esperanza, recibir amor, ver que las personas se restablecen y recuperan los lazos familiares. De todos modos, yo, desde luego, iba a pasar la víspera de Navidad con mi papá.

Me llamó y dijo: "Cariño, ¿no es esta noche la reunión? "Sí", dije. Y mi papá me dijo: "Gloria, quiero que vayas a esa reunión y estés presente porque AA te salvó la vida y yo pude recuperarte; es importante para mí que estés allí, tanto por ti misma como por los demás". (Un discurso bastante largo para alguien que yo no creía que realmente comprendiera por qué todavía asisto a cuatro o cinco reuniones por semana después de todo este tiempo).

Lloré y lloré y lloré, y fui a la cena. Bien, todos sabían que mi papá estaba muy enfermo y querían saber cómo evolucionaba, y me dijeron que rezarían por él. Algo realmente conmovedor. Bueno, conduje la reunión y les conté lo que mi papá había dicho. Al final, antes de comenzar el Padre Nuestro, pregunté si podía llamar a mi papá luego para que le cantáramos algo. Les pareció una idea estupenda.

Lo llamé y le dije: "Hay mucha gente aquí que te quiere, que desea que te recuperes y que te quiere cantar una canción". Comenzó a reírse cuando 25 borrachos emocionados (que se habían vuelto a integrar a la sociedad y que ahora podían sostener la cabeza en alto gracias a la gracia de Dios misericordioso) cantaban en mi teléfono celular el villancico "Te deseamos una feliz Navidad".

Cantamos y aplaudimos, y luego todos gritaban que lo querían y que deseaban que se recuperara y que viniera a la reunión en Cullman. Cuando corté, todavía podía escuchar su risa.

Recordaré este momento con mi padre hasta el día de mi muerte. Sólo quería que supieran lo que Dios me regaló para Navidad.

GLORIA G.
Cullman, Alabama

MÍ NOMBRE ES SANTA C. Y...
(Fragmento) Diciembre de 1980

L o más maravilloso que recuerdo acerca de nuestra cuarta Alkathon anual de día festivo, en el condado de San Mateo, es la presencia de Santa. Tenía el traje navideño y fumaba un cigarro, lo que no parecía típico de Santa; pero yo había visto muchos personajes (tanto de Yale como de la prisión) en las reuniones de AA, de modo que no pensé demasiado en ello. Cuando la secretaria preguntó si había alguna persona nueva que quería presentarse, Santa no dijo nada. Pero cuando preguntó si había algún visitante que no fuera de la zona, Santa se paró y dijo: "Mi nombre es Santa y soy del Polo Norte".

Luego la secretaria le preguntó si era alcohólico.

"Puedes apostar tu trasero que lo soy", respondió. Nos reímos a carcajadas. Me hizo sentir muy bien saber que incluso Santa era uno de los nuestros.

Nuestra fraternidad de AA ha crecido a pasos agigantados y en cuanto a los vínculos en el condado de San Mateo, y la Alkathon ha sido una maravillosa atracción durante la temporada de las fiestas, que es tan difícil para muchos alcohólicos solitarios que aún son practicantes, así como para algunos sobrios solitarios también.

L. I.
El Granada, California

CAPÍTULO OCHO

"¿Hay algún anuncio?"

SÓLO EN AA

Personajes de AA, historias de AA

La sobriedad puede ser dolorosa, maravillosa y absolutamente divertida. Con los años, todos los que pertenecemos a AA podríamos escribir muchos volúmenes sobre los personajes que conocimos (y de quienes nos hicimos amigos), sobre las aventuras vividas y sobre las historias locas que escuchamos. Mucho de esto tiene que ver con aceptar las cosas que no se pueden cambiar, como sucede cuando un compañero rompe, a viva voz, el anonimato de un miembro de AA (con detalles bochornosos) frente a un grupo de compañeros de trabajo en la historia "¡Un pase libre, por favor!" Se trata, también, de vivir la vida sin volverse demasiado loco, como cuenta la mujer que se rompe el brazo mientras patina, en "Dos veces eran suficientes". "Deseaba que mi compañero me hiciera girar en la figura del látigo en uno de los ángulos de la pista. Igual que con la bebida, dos rondas probablemente hubieran sido suficiente. La tercera ronda terminó en un desastre". Estas son sólo algunas historias de esas que quizá no se vivan en ningún otro contexto, excepto en AA.

UNA NOCHE PARA RECORDAR
Junio de 1998

Cuando logré la sobriedad, en 1953, yo era soltero y mi padrino estaba casado y tenía una familia. Dado que le gustaba pescar, pensó que sería una buena idea que yo comprara un bote. Mi padrino era un tipo muy persuasivo. Hacía ya dos años que tenía el bote cuando John, un hombre de Nueva Escocia que había conocido en AA, me pidió que lo llevara al derby anual del salmón. El primer premio en este derby era de cien mil dólares, en aquellos días una pequeña fortuna, especialmente para un par de ex alcohólicos.

Mi amigo John había sido parte de los comandos durante la guerra y luego había terminado en una cárcel de Bordeaux acusado de asesinato. Cómo fue que le levantaron ese cargo, nunca lo supe. Yo había navegado con hombres rudos como John durante la guerra, con quienes había bebido cuantiosamente en muchos lugares del mundo, así que John y yo nos llevábamos muy bien. Estoy convencido de que las personas que aparecen en nuestras vidas, en los primeros tiempos de sobriedad, no lo hacen por accidente.

Este pequeño viaje de pesca resultó un tonel de carcajadas. El horario real para la pesca era el sábado por la mañana, desde las seis hasta el mediodía, de modo que John y yo zarpamos a las cinco de la tarde del viernes hacia una bahía en el lado opuesto de una pequeña isla, justo fuera de Vancouver. El clima era perfecto y tan cálido como puede serlo un día de fines de agosto en esta zona. Llegamos a la bahía en alrededor de una hora y echamos el ancla. Todavía había luz y la bahía era toda nuestra. Sacamos la cocina y abrimos dos latas de guisado para la cena, con seis rodajas de pan fresco y una gran jarra de café. Nos sentíamos millonarios. Nos reclinamos para observar las estrellas que lentamente iban haciéndose visibles en el cielo. Mi bote se llamaba "Serenidad" y aquella noche nos sentíamos felices de estar sobrios y cuerdos. Era como si nunca hubiéramos conocido otra vida. Aquella noche, la vida loca y salvaje en la que bebíamos y mendigábamos para obtener más dinero para seguir bebiendo estaba tan lejos que parecía que todo hubiera ocurrido en otra vida.

Cuando estábamos cenando, vimos un gran velero entrar en la bahía y echar ancla en el lado opuesto, a aproximadamente un cuarto de milla de donde estábamos. Tenía más de 75 pies de largo, dos mástiles y un foque, y era una belleza. Estaba totalmente iluminado y ya había comenzado una fiesta. Una radio sonaba a todo volumen con música para bailar y podíamos ver alrededor de una docena de personas en la cubierta. Observamos el ruidoso grupo a bordo y supimos que la fiesta todavía continuaría unas horas. No nos importó. Nada podría haber arruinado nuestra tranquilidad esa noche.

Podíamos oír prácticamente cada palabra dicha en el velero, puesto que las voces viajaban por el agua. Entonces comenzó la diversión. Un pequeño bote de goma zarpó de la costa y se abrió camino lentamente hacia el gran velero. Cuando llegó a él, oímos decir a la gente: "¡Ey! Aquí está el bueno de Bill. ¡Ven a bordo, Bill! Alguien sírvale un trago a Bill. ¡Qué bueno que pudiste venir, Bill!" Otra voz bramó: "Vamos, Bill, baja por la escotilla. Tienes que ponerte a tono con el resto de nosotros". Entonces la música volvió a sonar y todos parecían cantar tan fuerte como podían mientras algunos bailaban una especie de baile a los saltos.

Una hora más tarde, oímos que la música se detuvo de repente. Un tipo dijo con voz alta: "Bill, maldito hijo de una tal por cual, saca tus pezuñas de la pierna de mi mujer o te tiraré por la borda". Alguien más gritó: "El muy canalla estaba haciendo lo mismo hace un minuto con la mujer de Joe, mientras Joe estaba abajo. Creo que deberíamos linchar al depravado". Otra voz dijo: "Deberíamos atarlo al extremo del palo mayor. Démosle una lección que no vaya a olvidar". De pronto hubo mucha conmoción en la cubierta del velero. Parecía que estaban persiguiendo a alguien y, casi seguro, era a Bill.

El bueno de Bill tomó una lámpara y la arrojó a sus perseguidores. La lámpara de aceite se rompió sobre la cubierta e inició un pequeño incendio que apartó la atención de Bill por un minuto. Antes de que los demás pudieran detectarlo, Bill asió rápidamente la escalera de soga que aún colgaba al costado del velero y llegó casi hasta el pequeño bote de goma.

Desde la cubierta, las personas comenzaron a arrojarle botellas de cerveza. Bill trataba de desanudar la soga que unía el bote con la escalera mientras esquivaba las botellas. Finalmente, separó el bote de goma de la escalera y puso el motor en marcha. Los que estaban en cubierta le gritaban obscenidades y Bill respondía a los gritos. ¡Qué fiasco! El bote de goma desapareció poco a poco en la oscuridad. John y yo nos desternillábamos de risa. Era una comedia que superaba ampliamente a todo lo que habíamos visto en el cine, ¡y era real! El entusiasmo por la llegada de Bill y su partida repentina opacaron lo que había sido una fiesta animada. Finalmente, las personas que estaban en el velero fueron bajo cubierta y permanecieron tranquilas en la bahía.

A las cinco de la mañana siguiente, John y yo nos levantamos y preparamos una excelente comida con tocino, huevos y tostadas, y luego nos bebimos una jarra entera de café. Comenzamos a pescar a las seis y seguimos pescando en la zona, desde el bote y con nuestras cañas, hasta el mediodía. Pasamos cerca del velero unas tres veces, pero no había movimiento a bordo. Al mediodía el derby había terminado y aún no había movimiento en el velero. Tanto John como yo sabíamos exactamente cómo se sentían. No habíamos sacado ningún pez, pero nos sentíamos un millón de veces mejor que ellos.

John se casó un año después y durante otros dos años continuó sobrio. Luego, algo pasó y se emborrachó. Un mes después, lo encontraron muerto en un hotelucho en el centro de la ciudad. Todavía me acuerdo, de vez en cuando, de mi viejo amigo y mi mente siempre vuelve a aquella noche en que iban a atar al bueno de Bill al mástil del velero. John y yo relatamos la historia muchas veces y las personas se rieron a lo grande de los disparates acontecidos aquella noche. Han pasado más de cuarenta años y aún pienso en la sobriedad que John y yo compartimos aquella noche estrellada.

NEWTON B.
White Rock, British Columbia

EL "LÁTIGO" FUE LO QUE SENTÍ

(de Dear Grapevine) Noviembre de 2007

He hecho algunas cosas locas y excitantes mientras estaba sobria — comportamientos nuevos para mí. Antes de encontrar a AA, jamás me divertía. De modo que patinar sobre ruedas era una nueva diversión. "Es como andar en bicicleta", alguien me dijo mientras me tambaleaba sobre la pista de patinaje. Puedo andar en bicicleta, pensé. No soy del tipo de mujer que se da por vencida sólo porque no soy buena en algo. Así que seguí recorriendo la pista, mejorando cada vez más. Era divertido.

En la última vuelta, alguien me condujo. Patinar estaba bien, pero deseaba que mi compañero me hiciera girar en el látigo en uno de los ángulos de la pista. No podía evitarlo. Me encantaba. Me reía tanto que me llevaba el resto de la vuelta recuperar el aliento. Estaba divirtiéndome mucho pero, igual que con la bebida, dos rondas probablemente hubieran sido suficientes. Tuve la sensación de que tres serían demasiado, pero eso no me detuvo. La tercera ronda terminó en un desastre. El látigo fue perfecto, pero me caí, y me quebré la muñeca.

Tengo una carga enorme de cursos en la escuela y varios exámenes de fin de término que entregar. Estoy mecanografiando a un cuarto de mi velocidad normal. ¿Pude haberme contentado con patinar como otras personas o realmente tenía que hacer el "látigo"? Aunque soy consciente de que una actividad temeraria puede tener consecuencias graves, eso parece no acudir a mi mente en el momento preciso. Pero no olvidaré esta experiencia en mucho tiempo.

MICHELLE C.
Sonora, California

¡HOLA, WADE!

Octubre de 2010

Esta historia está cargada de humor y muestra cómo pueden ocurrir situaciones en relación con nuestro anonimato. Hace poco hice una reunión, o una fiesta, si lo prefieres, e invité a unos cuantos amigos. Estos amigos trajeron a algunos de sus amigos, cada uno traía algo para comer y esa noche, algunos de mis compañeros de AA tocaban algo de música.

La multitud era una mezcla de miembros de Alcohólicos Anónimos y gente "normal" que no necesariamente se conocían entre sí. Algunas de las personas que me conocían sabían que yo estaba en AA. Sin embargo, muchos no lo sabían, y yo estaba conversando con un compañero de trabajo que me comentaba que había notado que el ponche no tenía alcohol y que muchas de las personas allí presentes esa noche no bebían alcohol. También observó que esas personas parecían muy contentas y amigables. Me pareció que era el momento perfecto para decirle que yo era miembro de Alcohólicos Anónimos y que muchas de las personas que estaban allí también lo eran.

Entonces me preguntó cuáles de los invitados también pertenecían a la hermandad. Le expliqué que nuestras tradiciones no nos permitían señalar a otros miembros de AA, pero que no había problema en que le contara sobre mí. Le dije que el anonimato era la base espiritual de AA.

Mi amigo pareció comprender. Poco después, uno de los miembros de AA subió al escenario para tocar una canción. Se acomodó en el banco y comenzó a afinar la guitarra. En cuanto estuvo listo para tocar, dijo a la multitud: "Hola, mi nombre es Wade".

La mitad de las personas en la sala se volvieron hacia él al unísono y dijeron "Hola, Wade".

Mi amigo se volvió hacia mí y sonriendo me dijo: "¡Creo que ya lo sé!" Nos reímos un rato y la noche continuó, convirtiéndose en una de las mejores noches que muchos de nosotros habíamos disfrutado estando sobrios.

JOE H.
Vancouver, British Columbia

CUENTACUENTOS ANÓNIMOS
Abril de 1973

Durante mucho tiempo, cuando me pedían que hablara en AA, dudaba en repetir anécdotas o chistes que había oído de otros en reuniones, pues los consideraba propiedad de los narradores originales.

Divulgar el material de otra persona antes de que su propio dueño tuviera oportunidad de hacerlo me parecía un robo.

Pero con el tiempo me di cuenta de que el único plagio posible en AA habría sido apropiarme del borrachólogo (registro de la vida de un alcohólico) de otra persona y relatarlo como si me hubiera ocurrido a mí. Una vez que alguien ha compartido un aforismo que vale la pena citar u ofrecido una parábola cargada de significado en una reunión, ese aforismo o esa parábola pertenecen a todos nosotros. Nadie tiene derechos de autor sobre ellos. Todo aquello que levante el ánimo de otro miembro, aclare su pensamiento o le brinde consuelo, se transforma en una posesión comunitaria. Aunque pueda ser duro para el orgullo personal que significa la autoría, todo forma parte del eslogan "No puedes guardártelo a menos que lo compartas".

Una de las historias más graciosas sobre "cómo solíamos ser" es un relato que oí en una reunión de Alcohólicos Anónimos. Con frecuencia, los alcohólicos no le hacemos justicia cuando describimos nuestro propio comportamiento pasado porque no estábamos realmente allí, pero un cónyuge, con mente clara y vista de águila, a menudo podía ser un observador dolorosamente consciente de la escena en su totalidad.

Con el objeto de preservar el anonimato, llamaré a esta esposa "Jane" y a su esposo con problemas de alcoholismo "P. A.", y designaré a los otros dos personajes involucrados "el Sr. y la Sra. Friend". Esto ocurrió en California.

Un sábado por la mañana, P. A. hizo una visita al matrimonio Friend, durante la que él y el Sr. Friend compartieron el famoso "par de cervezas". Cuando P. A. regresó a su casa, anunció que las dos parejas harían un paseo en auto a Clear Lake esa tarde y que, dado que Jane hacía tanto escándalo ilógico acerca de que condujeran personas que habían bebido "un par de cervezas", ella podía conducir.

"¿Por qué a Clear Lake?"

"Los Friend han comprado una propiedad allí y quieren que la veamos".

"Lo pensaré", dijo Jane.

Unos minutos después, la Sra. Friend llamó por teléfono de muy buen humor. "P. A. dijo que tú manejarías".

"¿Eso dijo?" Hasta ese momento, Jane no había tomado una decisión, pero lo hizo entonces. "De acuerdo. Iré y llevaremos mi auto. Pero con una condición: nadie conducirá desde el asiento de atrás. Haga lo que hiciere, no quiero que tú ni ningún otro diga una palabra".

Algo sorprendida, la Sra. Friend aceptó. "Claro, por supuesto, querida".

Así es que las dos parejas subieron al auto, los hombres en el asiento trasero con una botella para que los acompañara a través de las vicisitudes del viaje, y las dos mujeres en el asiento delantero. Cuando llegaron a la calle, en vez de girar a la derecha, en dirección a las autopistas que los llevarían a Clear Lake, doscientas cincuenta millas al norte, Jane giró a la izquierda, hacia la autopista que atravesaba las montañas en dirección a Santa Cruz, veinticinco millas hacia el sur.

Los hombres, que reían y hablaban en el asiento de atrás, no prestaron atención, y la Sra. Friend, intimidada por la condición que había aceptado, no hizo ningún comentario.

Cuando llegaron a la ciudad costera de Santa Cruz, Jane se detuvo en un motel sobre la playa, entró y se registró, y las parejas se retiraron cada una a su habitación.

P. A. salió al balcón, miró sobre la vasta extensión del océano Pacífico, exclamó: "¡Caray, sí que es un lago inmenso!", giró sobre sus pasos, entró y se recostó en la cama, y durmió el resto de la tarde.

Tal como Jane señaló en la reunión de Al-Anon: "¿Por qué debía conducir doscientas cincuenta millas? Él nunca supo que no fuimos a Clear Lake".

La siguiente historia la contó el maestro de escuela que participa en ella. Un pequeño llamado Joey, de unos diez años de edad y con tendencia al sobrepeso, llegaba generalmente tarde a la escuela. El maestro lo había reprendido por esto, había enviado notas al papá y la mamá, que luego habían hablado sobre el problema con su hijo; el director había conversado con Joey de corazón a corazón. Sin embargo, un día el maestro miró por la ventana, cuando la clase ya había comenzado, y vio a Joey, tambaleando a campo traviesa, un lazo de su zapato desatado, la manga de su suéter colgando, los libros que se le caían, la parte baja de la camisa al viento. Cuando, con el rostro enrojecido y transpirando, Joey ingresó al aula, el maestro señaló: "Otra vez llegas tarde".

"Lo sé, Sr. S.", respondió Joey con seriedad. "Pensaba en eso esta mañana. Es posible que no le agrade a usted, ni a mi mamá ni a mi papá, y es posible que no le agrade al director, pero he decidido llegar aquí cuando pueda hacerlo".

Más de una vez, cuando la rutina de mi vida desborda con tantas exigencias, tareas y obligaciones que se acumulan para una determinada fecha de vencimiento que siento que nunca podré cumplir, pienso en las palabras de Joey: "Llegaré aquí cuando pueda hacerlo". Y la sonrisa que se manifiesta en mis labios me alivia lo suficiente como para que me mueva laboriosamente, de manera más relajada, hasta que, casi seguro, al fin llegue.

La tercera anécdota que quiero compartir es una que sentí el deber de guardarme para mí durante más de un año porque era tan buena que no quise robarme el estruendo que correspondía al relator original. Pero, aparentemente, nadie más pensó que valía la pena robarse la historia, puesto que nunca oí que se repitiera.

Esto sucedió en una isla del Pacífico Sur durante la Segunda Guerra Mundial. El equipo militar estadounidense establecido allí plantó extensas huertas de verduras para complementar su dieta. Todo cre-

ció bien, excepto los pepinos. Las plantas florecieron pero nunca dieron pepinos. Finalmente, el comandante escribió al Departamento de
Agricultura en Washington para preguntar por qué pasaba esto con las
plantas. Un botánico respondió que había sólo una especie de insectos
que transportaban el polen para fertilizar las flores y que no había de
esos insectos en la isla que nuestros amigos estaban ocupando. Por lo
tanto... no habría pepinos.

De modo que el comandante llamó a un joven soldado, lo equipó
con algodón e hisopos y lo envió a realizar la tarea de los insectos.
Mientras el soldado se tomaba el difícil trabajo de transferir el polen
de una flor a otra, una persona muy influyente que había volado para
inspeccionar la posta pasó en sus rondas con un séquito de oficiales y
se detuvo sorprendido a observar al soldado que, algo avergonzado,
continuó con su tarea.

Finalmente, el militar de alto rango demandó: "¿Qué diablos está
haciendo?" El soldado pacientemente explicó el caso de las flores no
fertilizadas. "Es muy interesante". Después de pensar por un momento, el militar de alto rango preguntó con seriedad: "¿Y qué sucederá
después de que haya terminado con eso?"

"No lo sé, señor", contestó el soldado. "De ahí en adelante, tendrá
que preguntarle a Dios".

Estoy seguro de que el botánico podría haber dado una respuesta al
militar de alto rango, y de que un bioquímico podría haber añadido información, y un físico, más aún. Pero estoy igualmente seguro de que,
en última instancia, el conocimiento humano de lo que sucedía en los
pepinos se habría agotado y quedarían más preguntas por responder.
Para mí, todo aquello que el hombre aún no ha averiguado y posible-
mente nunca averigüe dadas sus propias limitaciones como uno más
de los productos de la naturaleza, es lo que las personas denominan
Dios. En mi opinión, el joven soldado lo expresó muy claramente.

B. M.
Saratoga, California

NOVENTA Y NUEVE AÑOS DE SOBRIEDAD *(de Dear Grapevine)*
Agosto de 1998

Hace muchos años, cuando celebramos mi cuarto cumpleaños en AA, un amigo que comparte conmigo la misma fecha de aniversario de sobriedad pasó por nuestra casa y me regaló una caja de bombones. Mi madre, que tenía entonces ochenta y cinco años, encontró los bombones al día siguiente y se comió más de la mitad de la caja. Cuando volví del trabajo y descubrí que faltaban siete de los doce bombones, mi madre alzó su voz para decir: "Yo me los comí". Dije: "Mamá, ¿no sabes que recibí esos bombones como regalo por mis cuatro años de sobriedad?"

Y ella me respondió: "Bueno... yo he estado sobria por ochenta y cinco años y nadie me ha regalado una caja de bombones". Mi madre siempre tuvo debilidad por los dulces.

Este episodio tuvo lugar allá por 1979. Ya llevo dieciocho años de sobriedad ininterrumpida. Mi madre vivió hasta los noventa y ocho años, ocho meses y once días... supongo que podría decir que llevaba casi noventa y nueve años sobria.

KEN J.
DeKalb, Illinois

OÍDO EN LAS REUNIONES
Marzo de 2007

En una reunión de AA, nos turnamos para leer pasajes del Libro Grande. Llegó el turno de una miembro y ella leyó: "Y ahora lo referente al sexo. En ese asunto muchos de nosotros necesitábamos ser arrollados". El rostro de la mujer (y el de su esposo) se tornaron rojo intenso. La sala estalló en una carcajada.

JEFF H.
Pauls Valley, Oklahoma

UN PAVO MUY ESPECIAL
(de Dear Grapevine) Diciembre de 1983

Un cazador había estado persiguiendo pavos salvajes durante años sin éxito. Sin embargo, un día un pavo caminó a ciegas hacia él y, sin perder tiempo, el cazador le disparó.

El pavo salvaje es escurridizo, con una vista y un oído muy agudos, y el hombre sospechó que el ave estaba lastimada o enferma. Un examen cuidadoso demostró que ninguna de esas opciones era cierta pero, al limpiarlo para cocinarlo, el cazador descubrió que estaba repleto de uvas fermentadas. ¡El pavo estaba borracho!

D. R.
Corning, New York

¡UN PASE LIBRE, POR FAVOR!

Julio de 1953

Había sido una mañana realmente tranquila, y el almuerzo con Les, nuestra secretaria, me había producido una sensación de gran satisfacción conmigo mismo. Me acomodé en el autobús para volver a la oficina y entonces recibí una serie de saludos familiares de la secretaria de la empresa, el gerente de ventas, el contador y el jefe de producción, que ocupaban asientos delante y detrás de mí. Respondí a sus saludos, encendí un cigarrillo y esperé a que el autobús arrancara.

"¿Así que fumas con las moscas, Pat?"

Como un ruido sordo, sentí una voz y un perfume junto a mí. Era Anne. Imposible no reconocer ese sonido bronco que el brandy le había dejado y que la sobriedad nunca había erradicado de su timbre penetrante. Incómodo, la calmé con un cigarrillo.

(Anne estaba sin probar alcohol. Es cierto que, cuando la novedad había pasado, ella le puso emoción de manera espasmódica durante una semana o más. Esa borrachera era rápida y furiosa, y hacía temblar a muchos miembros de AA. Lo gracioso era que no hacía temblar a Anne. Para ella, era una demostración, en especial para los demás, de cómo podía ser cuando llenaba su tanque de alcohol, y también silenciaba las críticas de quienes decían que usaba historias de otros disfrazadas para impresionar a su público).

Hizo una digresión sobre el clima, expresó indignación por el orador en una reunión a la que asistió y, a medida que el autobús se iba moviendo, el ritmo y el tono de su voz aumentaban.

"Estuve conversando con un matasanos ayer a la noche... ¡sobre ti!"

"¿En serio?" Contesté nerviosamente en voz susurrante, rogando que Anne me imitara. Ni por casualidad. Subió el volumen.

"Claro que sí, este matasanos dijo: '¿Qué? ¡Ese borrachín, sobrio! No. Sencillamente, ¡no puedo creer que esté sobrio!'"

El cobrador estaba junto a nosotros, por los pasajes. En forma casi ininteligible y lleno de angustia informé la cantidad, mientras ella continuaba sin piedad.

"Sí. Le dije al médico que no habías ni olido el alcohol durante cinco años y dijo que era un milagro, puesto que eras el borracho más grande de Cape Town y que ningún humano podría curarte de tu terrible sed".

A medida que el monólogo continuaba, yo comenzaba a desesperarme. Parecíamos estar en una bóveda en la que la voz de Anne resonaba en el silencio de la tumba. Cuando miré fugazmente al cobrador para que me diera el vuelto, vi que estaba haciendo una mueca. Mi imaginación se encargó de proveerme la expresión que debían de mostrar los rostros de mis jefes. No me atreví a mirar hacia adelante ni alrededor. Desesperado, susurré:

"No recuerdo al médico del que hablas".

"No podría ser de otra forma", gritó, "¡siempre estabas paralizado por la bebida cuando lo veías!"

Como una bendición, llegamos a mi parada. Rojo como un tomate, me levanté furtivamente y me despedí con un graznido mientras comenzaba a deslizarme por el pasillo, mis jefes delante de mí.

"¡Es que no he terminado todavía!" Anne miró alrededor decepcionada, pero para no darse por vencida, agregó a los gritos:

"¡Le dije al matasanos que tú, igual que yo, te habías unido a Alcohólicos Anónimos!"

Es por este motivo que estoy almorzando en la oficina estos días y que leo la Oración de la Serenidad una y otra vez. Además, entro a la empresa por la puerta de atrás y seguiré haciéndolo hasta que mi herida haya sanado.

P. J. O'F.
Cape Town, South Africa

⟨DISIPÁNDOSE CON EL HUMO

Junio de 2006

Con 22 meses de sobriedad, aún soy un bebé para el estilo de vida de AA. Sin embargo, un concepto que sí he comprendido totalmente es nuestro propósito como grupo. Nos ayudamos mutuamente a recuperarnos de nuestra locura alcohólica y, usando las herramientas que nos ofrece el programa, crecemos emocional, espiritual y físicamente. Hace poco experimenté una herramienta genial:

Después de una reunión de domingo por la mañana, me fui a casa para disfrutar de mi dosis de fútbol habitual. Recibí una llamada telefónica para invitarme a una quema de defectos de la personalidad. Pese a que pensaba quedarme en casa y ver tres partidos de fútbol (uno nunca es suficiente), anoté las instrucciones.

Cuando estaba por la mitad del segundo juego, comencé a pensar en los comentarios de mi padrino sobre los defectos de la personalidad. Él dice que, aún después de 31 años de sobriedad, conserva todos los suyos. Se ríe cuando escucha a las personas decir que están trabajando en sus defectos de la personalidad porque la idea es no permitirles a los defectos que trabajen en uno.

De pronto, así como así, estaba fuera, había subido a la camioneta y me encaminaba a lo que suponía sería, al menos, un campamento con una hoguera y algo de camaradería.

Seguí las indicaciones hasta un camino sin pavimentar, atravesé una extensión de pinos y llegué a un lago con una playa de arena rodeada de bosques. Faltaba alrededor de una hora para el anochecer. Ya habían encendido una pequeña hoguera.

Hacia la izquierda, no muy lejos, había un árbol mucho más grande que los demás. Alguien había clavado en él un cartel. Decía: "Árbol de la voluntad". Bajo el árbol había troncos y trozos de leña de todos los tamaños. En cada uno había sujetada con grapas una hoja de papel en blanco.

Sobre una mesa cercana había una hoja de instrucciones. Decía que debíamos recoger un trozo de madera de tamaño proporcional al del defecto que deseábamos quitarnos de encima o al resentimiento que estábamos intentando dejar ir, y escribir en el papel el nombre del defecto. Ofrece una plegaria a tu Poder Superior, arroja el leño al fuego y entrégale tu defecto o resentimiento a Dios. Las indicaciones incluían también esta advertencia: "Ten cuidado con tus resentimientos, pueden generar chispas".

Cuando el sol se puso detrás de los árboles, al oeste, una luna llena apareció por sobre el lado opuesto del bosque y fue iluminando el lago mientras nuestra hoguera crecía.

Alguien trajo malvaviscos. Había también congas, bongós, tamboriles, una flauta y una guitarra. Tocamos música, cantamos y bailamos la mayor parte de la noche y hasta improvisamos algunas bromas acerca de los conceptos de AA como un culto. Pasamos unos momentos fantásticos. Fue un tiempo de sobriedad con la familia.

Pero, para mí, la sensación más maravillosa en el encuentro fue observar mi propio defecto de la personalidad quemarse y transformarse en cenizas. No me ha molestado desde hace más de una semana. ¿Si creo que desapareció para siempre? Quizás no. Pero, si asoma otra vez (o cuando asome otra vez) su horrenda cabeza, sabré, muy en el fondo, que está agotado y no puede quemarme en la hoguera.

JASON B.
Del Haven, New Jersey

LOS DOCE PASOS

1. Admitimos que éramos impotentes ante el alcohol, que nuestras vidas se habían vuelto ingobernables.
2. Llegamos a creer que un Poder superior a nosotros mismos podría devolvernos el sano juicio.
3. Decidimos poner nuestras voluntades y nuestras vidas al cuidado de Dios, como nosotros lo concebimos.
4. Sin temor hicimos un minucioso inventario moral de nosotros mismos.
5. Admitimos ante Dios, ante nosotros mismos y ante otro ser humano, la naturaleza exacta de nuestros defectos.
6. Estuvimos enteramente dispuestos a dejar que Dios nos liberase de nuestros defectos.
7. Humildemente le pedimos que nos liberase de nuestros defectos.
8. Hicimos una lista de todas aquellas personas a quienes habíamos ofendido y estuvimos dispuestos a reparar el daño que les causamos.
9. Reparamos directamente a cuantos nos fue posible el daño causado, excepto cuando el hacerlo implicaba perjuicio para ellos o para otros.
10. Continuamos haciendo nuestro inventario personal y cuando nos equivocábamos lo admitíamos inmediatamente.
11. Buscamos a través de la oración y la meditación mejorar nuestro contacto consciente con Dios, como nosotros lo concebimos, pidiéndole solamente que nos dejase conocer su voluntad para con nosotros y nos diese la fortaleza para cumplirla.
12. Habiendo obtenido un despertar espiritual como resultado de estos Pasos, tratamos de llevar el mensaje a los alcohólicos y de practicar estos principios en todos nuestros asuntos.

LAS DOCE TRADICIONES

1. Nuestro bienestar común debe tener la preferencia; la recuperación personal depende de la unidad de AA.

2. Para el propósito de nuestro grupo sólo existe una autoridad fundamental: un Dios amoroso tal como se exprese en la conciencia de nuestro grupo. Nuestros líderes no son más que servidores de confianza; no gobiernan.

3. El único requisito para ser miembro de AA es querer dejar de beber.

4. Cada grupo debe ser autónomo, excepto en asuntos que afecten a otros grupos o a AA, considerado como un todo.

5. Cada grupo tiene un solo objetivo primordial: llevar el mensaje al alcohólico que aún está sufriendo.

6. Un grupo de AA nunca debe respaldar, financiar o prestar el nombre de AA a ninguna entidad allegada o empresa ajena, para evitar que los problemas de dinero, propiedad y prestigio nos desvíen de nuestro objetivo primordial.

7. Todo grupo de AA debe mantenerse completamente a sí mismo, negándose a recibir contribuciones ajenas.

8. AA nunca tendrá carácter profesional, pero nuestros centros de servicio pueden emplear trabajadores especiales.

9. AA como tal nunca debe ser organizada; pero podemos crear juntas o comités de servicio que sean directamente responsables ante aquellos a quienes sirven.

10. AA no tiene opinión acerca de asuntos ajenos a sus actividades; por consiguiente, su nombre nunca debe mezclarse en polémicas públicas.

11. Nuestra política de relaciones públicas se basa más bien en la atracción que en la promoción; necesitamos mantener siempre nuestro anonimato personal ante la prensa, la radio y el cine.

12. El anonimato es la base espiritual de todas nuestras Tradiciones, recordándonos siempre anteponer los principios a las personalidades.

LA VIÑA Y GRAPEVINE

Grapevine es la revista mensual internacional de AA que se ha publicado continuamente desde su primer número en junio de 1944. El panfleto de AA sobre Grapevine describe su alcance y su finalidad de la siguiente manera: "Como parte integrante de Alcohólicos Anónimos desde 1944, la revista Grapevine publica artículos que reflejan la amplia diversidad de la experiencia e ideas que hay dentro de la Comunidad de AA, y así también lo hace La Viña, la revista bimensual en español, publicada por primera vez en 1996. En sus páginas, no hay punto de vista o filosofía dominante, y, al seleccionar el contenido, la redacción se basa en los principios de las Doce Tradiciones".

Además de revistas, AA Grapevine, Inc., produce una applicacion, libros, libros electrónicos, audiolibros y otros artículos. También ofrece una suscripción a Grapevine Online (en inglés)que incluye: entre ocho y diez historias nuevas cada mes, AudioGrapevine (la versión en audio de la revista), el archivo de historias de Grapevine (la colección completa de artículos de Grapevine), así como una edición de Grapevine y La Viña en formato HTML. Si desea obtener más información sobre Grapevine y La Viña, o suscribirse a alguna de las opciones mencionadas, visite las páginas web de las revistas en aagrapevine.org/español o aagrapevine.org o escriba a:

AA Grapevine, Inc.
475 Riverside Drive
New York, NY 10115
USA

ALCOHÓLICOS ANÓNIMOS

El programa de recuperación de AA se basa por completo en este texto básico, *Alcohólicos Anónimos* (también conocido comúnmente como el Libro Grande), ahora en su cuarta edición, así como en libros *Los Doce Pasos y Doce Tradiciones* y *Viviendo sobrio*, entre otros. También es posible encontrar información sobre AA en la página web de AA en aa.org, o escribiendo a Alcoholics Anonymous
Box 459, Grand Central Station
New York, NY 10163, USA
Si desea encontrar recursos en su localidad, consulte la guía telefónica local bajo "Alcohólicos Anónimos". También puede obtener a través de AA los cuatro panfletos siguientes "Esto es AA", "¿Es AA para usted?", "44 preguntas" y "Un principiante pregunta".